KB101213

# OKR

실천편

SAITAN SAISOKU DE MOKUHYOU WO TASSEI SURU OKR MANAGEMENT NYUMON
Copyright ⓒ 2019 Masaru Amano
Korean Translation Copyright ⓒ 2019 by The Korea Economic Daily & Business Publications, Inc.
Original Japanese edition published by Kanki Publishing Inc
Korean translation rights arranged with Kanki Publishing Inc
through The English Agency (Japan) Ltd. and Duran Kim Agency

이 책의 한국어판 저작권은 듀란킴 에이전시를 통한 저작권사와의 독점계약으로
한국경제신문 (주)한경BP에 있습니다.
저작권법에 의하여 한국 내에서 보호를 받는 저작물이므로 무단전재와 무단복제를 금합니다.

# 최고의 기업 최강의 프레임워크

**아마노 마사루** 지음 | OKR Japan 감수 | **김윤경** 옮김

Objective

Key

Results

실천편

한국경제신문

## 리더의 역할은 목표를 명확히 하는 일
—

'리더'란 무엇일까? 세상에는 리더에 대한 다양한 정의가 넘쳐나는데, 이 책에서는 다음과 같이 리더를 정의하고자 한다. '리더란 3~6명으로 이루어진 팀의 실적과 성과를 최대한으로 이끌어내는 책임을 지닌 사람이다.'

왜 이런 역할을 할 사람이 필요할까? 사람이 모이기만 해서는 목표로 하는 성과를 내는데 상당히 많은 노력을 기울여야 하기 때문이다.

대부분의 경우, 사람들이 모였을 때 한 사람 한 사람의 능력을 내는 방향이 모두 다르다. 이러한 상황에서는 각 개인이 노력해도 전체적으로 원하는 방향의 제대로 된 성과가 나오지 않는다.

열 명이 일을 하면 100점의 결과가 나오길 기대하지만, 실제는 80점의 결과만 나오는 경우가 허다하다. 문제는 합일된 목표 설정이 없기 때문이다.

이럴 때 목표점goal이 무엇인지를 명확히 하면 팀의 방향성을 모을 수 있다. 이러한 목표점을 팀에 제시하는 일이 리더가 해야 할 가장 큰 역할이다. 리더와 구성원, 각각 한 사람의 능력으로는 원하는 일을 이뤄내는 데 한계가 있을 수밖에 없다. 여러 명의 능력을 활용해 한 사람이 할 수 없는 일을 이루어내는 조직이 바로 팀이기 때문이다.

하지만 목표를 명확히 제시한다고 해서 모인 사람들이 척척 충분한 성과를 낼 수 있는 팀이 되는 것은 아니다. 사람은 누구나 하던 일을 하던 스타일대로 하고자 하는 항상성을 갖고 있다. 그래서 업무가 어느 정도 안정된 상태라면 가능한 한 그 상태를 유지하려고 하기 때문이다.

일반적으로는 팀은, 다음에 소개하는 터크만 모델(조직심리학자인 브루스 터크만Bruce Tuckman이 제창한 팀의 발달 단계-옮긴이)에서 볼 수 있듯이 '형성기→혼란기→규범기→기능기→해산기'의 과정을 거친다.

# 리더의 역할은 목표를 명확히 하는 일

목표가 애매모호하면 구성원이 서로 다른 방향을 향하게 되고 각자 아무리 노력해도 성과는 미미할 수밖에 없다.

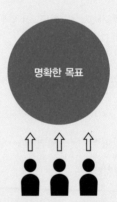

목표가 구체적이면 구성원이 모두 같은 방향으로 나아가기 쉽다. 목표가 애매한 경우보다 각자의 노력을 덜 들여도 같은 성과를 달성할 수 있다.

## [형성기]

구성원이 모여 팀을 이룬다. 처음에는 일에 익숙하지 않지만 지금까지 해온 업무의 연장선상에서 일을 해나가는 동안에 점차 익숙해지고 조금씩 성과가 오른다. 구성원 간의 커뮤니케이션은 그다지 활발하지 않은 편이며 표면적으로 교류하고 있는 상황이다.

## [혼란기]

함께 일을 해나가다 보면 업무는 물론 팀 내의 커뮤니케이션에도 익숙해진다. 그러다 차츰 업무 방식의 차이로 의견이 어긋하기도 하고 대립을 해소하는 데 시간이 걸려 작업의 효율성이 저하된다. 하지만 이러한 충돌 과정을 거침으로써 인간에게 내재되어 있는 '지금까지 해왔듯이 그대로 일하고 싶다' 하는 항상성을 이겨 새로운 방식이 탄생한다.

## [규범기]

새로운 방식을 추진하기 위한 규칙이 결정되고 그 규칙에 따라 일을 하는 동안 규칙이 더욱 정비되어 일이 원활하게 진척된다.

## [기능기]

원활하게 일이 진행되면서 방향성도 명확해지고 그 방향성을 개개인이 인식하여 자발적으로 움직이게 된다. 성과는 더욱 더 향상된다.

## [해산기]

최종적으로 언젠가 팀은 해산한다.

이처럼 팀으로서 충분히 제 기능을 다하는 데는 반드시 시간이 필요하다. 이 시간을 단축하고 신속하게 팀을 운용해나가는 일도 리더가 추구해야 할 임무다. 팀의 상황에 맞춰 어떤 리더십을 발휘할 것인지 유형을 바꿔갈 필요가 있다.

# 터크만 모델

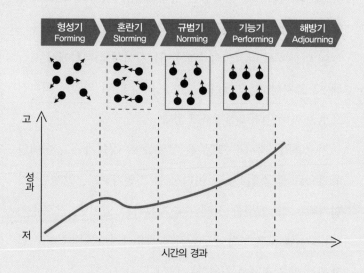

## 리더십의 네 가지 유형

리더십의 유형으로서 1977년에 폴 허시Paul Hersey와 켄 블랜차드Kenneth Blanchard가 제창한 상황적 리더십Situational Leadership 이론을 토대로 한 모델을 소개해보겠다.

이 이론에서 리더십의 유형은 S1 지시형 리더십에서 시작해 S2 코치형, S3 지원형, 그리고 마지막 S4 위임형 리더십으로 변화해간다고 설명하고 있다.

가로축의 '지시적 행동'은 무엇을 할 것인가What, 어떠한 방법으로 할 것인가How, 어디서 할 것인가Where, 언제 할 것인가When 등 업무를 상세하게 지시하는 일이며, 세로축의 '원조적 행동'은 부하와 원활하게 커뮤니케이션을 취하고 필요에 따라 격려하고 지원하는 일이다.

S1 '지시형'에서 리더는 업무를 구체적으로 지시하고 꼼꼼하게 관리하고 감독한다. 의사결정은 리더의 몫이므로 부하와의 커뮤니케이션은 적다.

S2 '코치형'에서는 리더가 계속해서 지시하고 명령한다.

## 리더십의 네 가지 유형(상황적 리더십 이론에 의한 분류)

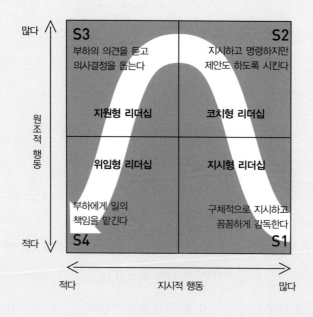

많다

S3
부하의 의견을 듣고
의사결정을 돕는다

**지원형 리더십**

S2
지시하고 명령하지만
제안도 하도록 시킨다

**코치형 리더십**

원조적 행동

**위임형 리더십**

**지시형 리더십**

부하에게 일의
책임을 맡긴다

구체적으로 지시하고
꼼꼼하게 감독한다

적다

S4

S1

적다 ← 지시적 행동 → 많다

하지만 한편으로는 질문을 던지는 커뮤니케이션을 취하면서 부하에게 제안도 하게 한다. 말 그대로 코치다.

S3 '지원형'은 리더가 부하를 격려하고 동기를 부여하여 스스로 행동하게 하는 유형이다. 부하의 의견을 듣고 칭찬과 조언을 하면서 의사결정을 돕는다.

S4 '위임형'에서 부하는 이미 자발적으로 행동할 수 있기 때문에 리더는 부하에게 일의 책임을 맡긴다.


## 노력만큼 결과를 얻지 못하는 리더

이 책을 읽는 여러분은 S1에서 S4까지 네 가지 유형 가운데 어떤 리더십을 실현하고 있는가. 리더를 맡고 있는 사람들은 아마도 대부분 당당하게 팀 구성원을 이끌어 최고의 성과를 이끌어내고 싶을 것이다. 또한 텔레비전이나 잡지, 인터넷에서 소개한 세계적인 리더를 동경하는 사람도 있을 것이다.

하지만 현실은 녹록치 않다. 아무리 노력해도 좀처럼 구성원과의 틈을 메우지 못하고, 오히려 애를 쓰면 쓸수록 갈등이 점점 더 깊어지는 것이 현실일지도 모른다. 리더의 역할을 잘해내려고 노력하는데도 좀처럼 애쓴 보람이 없다. 하지만 이런 상황이 벌어진 데는 리더인 당신이 잘 해보려고 한 행동이 오히려 부정적인 영향을 끼쳤을지도 모른다.

리더로서 노력하고 있는데도 그만큼 결과로 보상받지 못하는 경우를 몇 가지 소개하고자 한다. 혹시 다음의 사례에 해당하는 부분이 있다면 리더인 당신이 노력하는 방법에 문제가 있는 것은 아닌지 돌아보자.

**사례A: 리더가 전부 떠맡는다. 구성원들은 하던 일밖에 하지 않고 리더는 소신껏 지시하지 못한다.**

팀 구성원이 리더인 자신보다 연배가 높은 베테랑들이어서 무척 노련하다. 리더가 나이는 더 어려도 편안하게 대하며 베테랑인 만큼 익숙한 태도로 착착 일을 진행해나간다. 하지만 새로운 유형의 업무를 지시하면 "해본 적이 없어서 못하겠는걸. 실패해서 모두에게 피해를 줄지도 몰라" 하고 거부

한다. 나이가 한참 위이다 보니 설득하기도 꺼려지고 설득하는 데 노력을 들일 시간도 아까운데다 정신적으로도 피곤해서 할 수 없이 리더인 당신이 그 일을 맡게 된다. 이런 상황이 계속되다 보면 어느새 리더인 자신만 남아서 일을 하는 상황이 된다. 상사는 "항상 고생이 많네!" 하고 좋은 평가를 하고 그래서 더 열심히 한다. 이는 S1 이전의 상태다.

**사례B: 리더가 나서고 구성원들은 소극적이 된다.**

상사에게 신규 사업의 기획을 일임받았다. 팀 구성원과 함께 새로운 기획을 하고 있다. 구성원들도 이번 기획을 긍정적으로 인식하고 있어 모두 아이디어를 생각해오기로 했다. 리더인 당신은 심혈을 기울여 프레젠테이션 자료를 만들었다. 각자의 아이디어를 발표하는 자리에서 리더는 제일 처음으로 자신의 기획안으로 프레젠테이션을 실시했다. 리더 역시 자신의 아이디어보다 다른 구성원의 아이디어가 좋았다. 그런데 리더를 제외한 모두의 만장일치로 리더의 아이디어를 뽑았다. 그 후 구성원들은 아무도 의견을 제시하지 않았고 '리더가 기획한 거니까 리더 혼자 진행하면 되지' 하는 분위기가 느껴져 마음이 불편하다. S2의 상태다.

### 사례C: 배려가 지나쳐서 성장의 기회를 빼앗는다.

최근 IT기술이 눈부신 속도로 발달해서 좀처럼 따라갈 수가 없다. 날 때부터 디지털 기기에 익숙한 젊은 세대들은 정보기기를 능수능란하게 다루며 일을 척척 해나간다. 수첩에 일일이 적는 게 아니라 스마트폰 하나로 메모며 스케줄 관리까지 깔끔하게 처리한다. 상품의 랜딩페이지(키워드 혹은 배너 광고 등으로 유입된 인터넷 이용자가 최초로 보게 되는 웹페이지–옮긴이)도 캐치프레이즈나 페이지의 러프스케치를 전달하면 하루 만에 완성시킨다. 이런 종류의 업무는 잘 처리할 수 있는 그들에게 맡기고 잡무라고 여겨 꺼리는 일은 리더가 도맡아 한다. 자질구레한 작업을 하고 있을 뿐이다. S1의 상태다.

### 사례D: 세세한 지시를 너무 많이 내리고 인센티브로 마음을 끈다.

사업이 번성하여 새로운 팀이 꾸려지고 팀의 리더가 되었다.

구성원을 사내에서 모집하지 못했기 때문에 대부분 신규로 채용했다. 다른 팀보다 탁월한 성과를 내고 싶다. 업무에 익숙하지 않은 구성원이 대부분이므로 진지하게 가르쳐주는 데 노력을 기울였다. 또한 의욕을 불어넣어 주는 방안으로 3개월마다 성과를 평가해서 1등에게는 금일봉을 건넸다. 이는 S1 상태다. 구성원들은 아마 '멋있어 보이려고 허세부리는 리더'라고 생각할 것이다.

이들 사례에서 리더는 모두 S1의 '지시형' 아니면 S2의 '코치형'에 머물고 있어 앞으로 팀의 발전을 기대할 수 없다.

우선 S3의 '지원형' 리더십으로 옮겨가야 한다. 지원형 리더십은 서번트servant형 리더십이라고도 말할 수 있다. 서번트형 리더십에서는 다음의 도표처럼 팀이 갖고 있는 목표를 달성하기 위해 리더가 팀에 봉사한다.

그러면 최종적으로 목표로 삼아야 할 S4 '위임형' 리더십을 구체적으로 실행하려면 어떻게 해야 할까? 그 단서가 바로 'OKRObjective and Key Result'이다.

## 전통적인 리더십과 서번트형 리더십

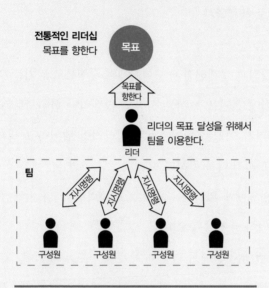

**전통적인 리더십**
목표를 향한다

리더의 목표 달성을 위해서
팀을 이용한다.

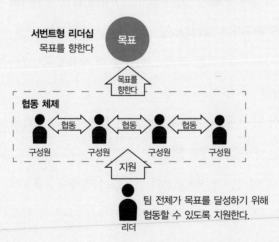

**서번트형 리더십**
목표를 향한다

팀 전체가 목표를 달성하기 위해
협동할 수 있도록 지원한다.

## OKR로 해결하자

의사결정과 문제해결을 구성원에게 전적으로 맡기는 위임형 리더십에 불안을 느끼는 사람도 많겠지만 한편으로는 이러한 리더가 이끄는 팀이야말로 이상적인 팀이라고 생각하는 사람도 적지 않을 듯하다.

구성원에게 위임하는 팀으로 만들려면 두 가지 핵심 사항을 파악하는 것이 중요하다.

첫 번째는 팀에서 합의한 목표를 만드는 일이며, 두 번째는 팀에서 목표 달성을 위해서 실행 방법을 개선하며 행동을 계속해나가는 일이다. 당연한 일이지만 실천하려고 하면 왠지 어렵다. 이러한 과제를 해결할 때 사용할 수 있는 방법이 'OKR'이다.

이 책에서는 OKR을 활용하여 팀으로서의 성과를 향상시키는 방법을 소개하겠다.

1장에서는 먼저 OKR의 기본을 설명한다. OKR이 성과를 내는 구조인 이유와 OKR을 둘러싸고 자주 발생하는 오해,

그리고 OKR의 장점까지 제시하고 있다. OKR의 전체적인 그림을 그려볼 수 있다.

2장에서는 구체적인 OKR의 설정 방법, 즉 OKR을 시작하는 방법을 설명한다. 이론을 아는 데서 그치면 아무런 의미가 없다. 이 장을 참고로 하여 OKR을 설정해보자.

3장에서는 팀에서의 OKR의 운용 방법을 구체적인 노하우와 함께 소개한다. OKR을 설정해도 올바르게 운용하지 못하면 효과를 기대할 수 없으니 2장의 내용을 참고해 함께 실행해볼 수 있다.

마지막으로 4장에서는 한층 더 깊이 있게 들어가 조직에서 OKR을 사용하는 방법을 알려주고자 한다. 팀에서 적용한 OKR을 부서와 회사 전체로 넓혀가는 방법이다.

이 책을 참고로 삼아 리더의 역할을 훌륭히 수행하고 팀의 목표를 반드시 달성하길 바란다.

OKR Japan 수석 퍼실리테이터
아마노 마사루

OKR

# 1장

# OKR의 기본

최대한의 성과를 이끌어내려면
반드시 목표가 필요하다

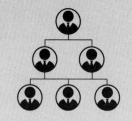

# 목표는 왜 중요한가

## 목표가 구성원의 성과를 최대한으로 이끈다

팀이라고 일컫는 만큼, 팀 차원에서 이루어야 할 성과가 있다. 이는 다시 말해 팀으로서의 미션이 존재한다는 의미다. 그저 사람이 모이기만 해서는 집단일 뿐이다.

팀에 요구되는 성과를 달성하고 책임지는 사람이 바로 팀 리더다. 프롤로그에서 말했듯이 리더가 되어 팀을 이끌어갈 때는 최소한 아래 두 가지 강령이 필요하다.

- 팀에서 합의한 목표를 만들 것
- 목표 달성을 위해 대책을 개선하면서 행동을 지속할 것

Objective
Key
Results

하지만 리더가 일일이 상세한 부분까지 지시하고 명령한다고 해서 구성원이 리더가 의도한 대로 움직이는 것은 아니다. 이 책을 읽는 리더 여러분도 상사가 시시콜콜 업무를 지시한다면 '그런 것까지 일일이 말 안 해도 안다니까요', '믿고 맡겨주면 더 좋은 성과를 낼 수 있을 텐데' 하고 생각할 것이다.

구성원이 각자 다른 방향을 향해 일하고 있다면 설령 한 사람 한 사람이 열심히 애써도 그 성과를 합했을 때 기대만큼의 성과를 올릴 수 없다. 그렇기에 구성원들에게서 최대한의 성과를 이끌어내려면 반드시 '목표'가 필요하다.

하지만 그 목표가 윗선에서 뚝 떨어져 주어진 목표라면 어떨까? 구성원들로서는 좀처럼 이 목표를 이루려는 의욕이 생겨나지 않을 것이다. 목표를 이루고자 하는 의욕을 불러일으키는 가장 좋은 방법은 목표를 결정하는 과정에 직접 참가하는 것이다. 예를 들어 패키지여행에서 한 가지만이라도 자신이 직접 옵션을 선택할 수 있으면 그 여행이 한결 즐거워지는 이유도 바로 여기에 있다.

## 목표 달성은 계획대로 되지 않는다

하지만 단기간의 여행조차도 처음에 계획을 세운 대로 차질 없이 진행되기는 쉽지 않으며 막상 현지에 가보면 예상했던 것과 다른 경우가 많다.

더욱이 업무에서는 계획 단계에서 결정한 일을 그대로 진행하기만 한다고 목표에 다다르는 경우는 매우 드물다. 특히 목표 달성까지의 기간이 길어지면 예측을 하는 일도 어려워진다. 실행하면서 진행 방향을 확인해 개선할 부분을 수정해야 목표를 달성할 수 있다.

또한 행동을 점검하고 개선할 때도 구성원 모두가 같은 방향을 향해야 원하는 성과를 내고 만족스러운 결과를 얻을 수 있다.

Objective
Key
Results

## 02

# OKR은 무엇인가

## OKR은 목표와 핵심 결과지표

우선 OKR에 관해 간략히 설명해보자.

OKR는 'Objective(목표)'와 'Key Result(핵심 결과지표)'라는 두 단어의 첫 글자를 딴 용어로 조직이나 팀, 개인의 이상적인 상태를 달성하기 위한 도구이다.

오브젝티브Objective는 '이러한 모습이 되고 싶다'고 원하는 상태, 즉 목표를 나타내는 말이다. 어느 방향을 향해서 나아가야 할지를 제시한다. 주로 문장으로 표현되며 정성적定性的(수치나 수량으로 표시할 수 없는 가치나 성질−옮긴이)인 경우가 대부분이다.

키 리절트Key Result는 오브젝티브Objective를 어떻게 달성해 가는지 그 과정을 단적으로 측정하기 위한 핵심 결과지표다. 가령 팀을 운영하는 데 OKR을 채택한다면 팀으로서의 이상적인 모습을 명문화하고Objective, 그 이상적인 모습에 어떻게 다가가고 있는지 달성 상황을 측정하기 위한 핵심 결과지표를 3~5가지 정도 결정한다Key Result.

핵심 결과지표는 측정을 할 수 있어야 하기에 정량적定量的(수치나 수량으로 표시할 수 있는 가치나 성질—옮긴이)이어야 한다. 핵심 결과지표의 변화를 지켜보면서 팀이 목표를 향해 제대로 가고 있는지를 확인한다. OKR이 무엇인지를 알기 위해서는 두 가지 측면에서 생각하면 이해하기 쉽다. 좁은 정의로서의 OKR은 팀 활동의 방향성을 나타내기 위한 목표점goal을 가리키며 넓은 정의로서는 OKR을 이용한 매니지먼트 방법을 뜻한다.

## OKR의 4가지 원칙

—

OKR에는 원칙이라고 할 수 있는 4가지 키워드가 있다. 바로 '집중Focus', '정렬Alignment', '추적Tracking', '도전Stretching'이다.

Objective
Key
Results

'집중focus'은 중요한 것을 선택해 자원을 집중하는 일이다. 여러 가지 일을 동시에 실시하면 힘이 분산되어 그 어느 것 하나 제대로 되지 않는 결과를 초래한다. 이런 상황을 방지하려면 가장 중요한 사안에 모든 힘을 집중하는 것이 가장 좋다.

'정렬alignment'은 여러 개의 요소 사이에 정합을 취하는 일이다. 부정합 상황이 일어나면 요소 간에 낭비가 발생한다. 각각의 요소에 관한 이해를 깊게 하여 정합성을 높인다.

'추적tracking'은 상황이 어떻게 되어 가는지를 추적하는 일이다. 시작과 마지막 상태밖에 알지 못하면 어느 쪽으로 향해야 하는지 파악하지 못해 난관에 부딪친다. 중간 과정을 알아야 장애물을 피해 목표점에 가까이 다가갈 수 있다.

'도전stretching'은 현재 상태에서 한층 더 높은 곳으로 도전하는 일이다. 현상만 유지하고 있으면 상황의 변화에 대처하지 못해 쉬이 뒤처지고 만다. 현재 상황을 타파하려면 새로운 일에 착수해야 하며 그때 발생하는 위험을 회피하기 위한 안전망safety net도 필요하다.

이 책에서는 OKR의 구체적인 설정 방법과 운용 방법 등도 소개할 것이다. 항상 이 4가지 사고방식이 원칙으로 존재한다는 사실을 기억하자.

# 집중과 정렬

## 집중

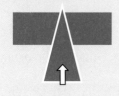

힘을 끝부분에 집중하면 벽에
구멍을 뚫을 수 있다.

힘이 분산되면 같은 힘으로 눌
러도 앞으로 뚫고 나갈 수 없다.

## 정렬

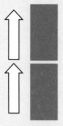

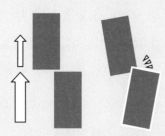

각각의 요소를 정렬하면 모든
힘이 차례로 전달된다.

정렬하지 않으면 힘이 제대로 전달되지
않는다. 최악의 경우 파손된다.

Objective
Key
Results

# 추적과 도전

### 추적

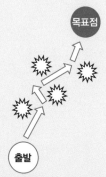

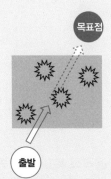

도중의 상황을 알면 장애물을 피해 방향을 전환하여 나아갈 수 있다.

중간 진행 상황을 알지 못하면 장애물을 피하지 못해 정체하고 만다.

---

### 도전

안전망이 있으면 더 높은 곳에 도전할 수 있다.

안전망이 없으면 몸을 사리느라 도전하지 못한다.

# 03

# OKR이 성과를 만들어내는 구조

## OKR은 공격적 목표 관리 방법

OKR은 목표 관리 방법의 한 가지다. 지금까지 잘 알려진 목표 관리 방법으로는 MBO*, SMART**, KPI*** 등이 있으며 많은 기업이 이 방법을 실천해 일정한 성과를 올렸다.

---

\*　　MBO(Management by Objectives. 목표관리): 피터 드러커가 1954년에 자신의 저서 《경영의 실제(The Practice of Management)》에서 제안한 경영기법으로, 상사와 부하가 공동으로 목표를 설정해 목표가 달성된 정도를 측정하고 평가함으로써 경영의 효율성을 증진시키는 조직관리 체계
\*\*　SMART: 목표 설정을 위한 5가지 중요 요소 (①Specific:구체적으로 ②Measurable: 측정 가능한 ③Achievable: 달성 가능한 ④Related: 경영 목표에 관련한 ⑤Time-bound: 시간 제약이 있는)
\*\*\* KPI(Key Performance Indicator. 핵심성과지표): 목표를 성공적으로 달성하기 위해 핵심적으로 관리해야 하는 요소들에 관한 성과지표

왜 지금 이렇게 OKR이 주목받는 걸까? 확실한 성과가 나오기 때문이다. OKR을 사용하기만 하면 반드시 뛰어난 성과가 나온다고 단언할 수는 없지만 좋은 실적을 내고 있는 기업에서 OKR을 채택하고 있는 것은 사실이어서 기업의 지명도와 더불어 OKR이 주목받고 있다. 가장 유명한 사례로는 구글Google을 들 수 있다.

목표관리 방법은 크게 '공격형 목표관리'와 '수비형 목표관리'로 나눌 수 있다. 공격형 목표관리는 창조성을 발휘해서 새로운 콘텐츠를 창조하는 데 사용되며 수비형 목표관리는 현재 있는 것을 잃지 않도록 유지하는 데 사용된다. 지금까지는 '수비형 목표관리' 방법이 많이 사용되었다.

OKR은 공격형 목표관리와 호흡이 매우 잘 맞는다. 창의성을 발휘해서 새로운 것을 창출해내는 작업에 매우 적합하다. 무엇이 바람직한 성과인지를 핵심 결과로서 정하고 성과의 정도를 측정하는 지표를 결정한다. 그리고 성과가 제대로 나왔는지 판단할 수 있도록 목표치를 정한다.

그렇다면 어떤 목표치를 설정하겠는가? 지금까지 실행된 목표관리 방법의 대부분은 '능력보다 약간 더 높은 수준의 목표'를 설정할 것을 권하고 있다. 즉, 현재 상황보다 높은 성장을 예측하거나 기대하고 설정한 목표다.

OKR도 이와 비슷하기는 하지만, 핵심 결과의 목표치를 결정할 때 '야심적Ambitious인' 목표치를 정한다는 특징이 있다.

감각적으로 볼 때 달성 확률이 60~70퍼센트나 될 정도로 야심적이어야 한다. 이러한 목표에 핵심 결과지표를 3~5가지 정도 설정한다.

달성할 확률이 100퍼센트가 아닌 야심적인 목표치를 설정하는 데 따른 이점은 크게 다음과 같이 나눌 수 있다.

① 달성하면 큰 성과가 나온다.
② 실패가 허용된다.
③ 새로운 아이디어가 창출되기 쉽다.
④ 대립하기 어려워진다.

## 달성하면 큰 성과가 나온다

애초에 달성하기 어려운 목표치이므로 달성하기만 하면 큰 성과가 나온다. 달성하기 쉬운 목표치를 정할 경우는 '달성

Objective
Key
Results

## 공통의 목표가 야심적일수록 합의하기 쉽다

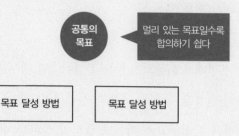

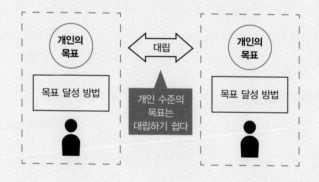

하는 것이 당연'하므로 기대를 넘어서 큰 공적을 이룰 정도의 성과까지는 내기 힘들다.

## 실패가 허용된다

—

만약 실패가 허용되지 않는 환경이라면 대부분의 사람이 '반드시 달성할 수 있는 목표치'를 설정할 것이다. 어쩌면 진짜 실력은 감춰두고 60퍼센트 정도의 성과를 내면서 목표치는 80퍼센트 정도만 능력을 발휘하면 달성할 수 있는 수치로 설정할지도 모른다. 이런 식으로는 당연히 팀의 발전을 기대할 수 없다.

OKR에서는 목표치를 달성하지 못했다 해도 원래 어려운 일을 하려는 것이므로 달리 페널티는 없다. 도전이 허용된다는 것은 도전해서 목표 달성에 실패하더라도 질책당하거나 비난받는 일이 없다는 뜻이다. 실패에 따르는 고통이 없어야 계속 도전할 수 있다.

창의성을 필요로 하는 일은 대부분 계획대로 되지 않는다. 수많은 시행착오가 따르기 마련이다. 그렇기에 시행착오를 반복할 수 있는 환경, 즉 실패가 허용되는 환경이 필요하다.

## 새로운 아이디어가 창출되기 쉽다
—

야심적인 목표치를 달성하려면 무언가 새로운 일을 해야 한
다. 가까운 목표만 보고 있으면 아무래도 지금까지의 습관에
얽매이게 된다. 당장 눈앞에서 발생하는 장애물을 그때마다
제거해나가는 식이다. 하지만 목표가 멀리 있으면 그러한 장
애물이 생기지 않게 미리 대비한다거나 반대로 장애 요소를
역으로 이용해 좋은 결과가 나오도록 시도하는 등 기존 체제
를 바꾸는 새로운 아이디어가 생겨나기 쉽다.

## 대립하기 어려워진다
—

야심적인 목표치를 설정하면 팀 구성원들이 서로 협력하기
쉬워진다. 같은 팀에 소속되었다 하더라도 구성원의 의견은
저마다 다르다. 취지에는 찬성하지만 각각의 구체적인 사안

에는 구성원마다 의견이 다른 '총론찬성, 각론반대'의 상황이 펼쳐진다. 각자의 의견이 부딪친다.

의견이 부딪치는 것 자체는 서로의 사고방식을 아는 데 중요한 과정이지만 지나치게 대립해서 시간이나 에너지를 소모해서는 안 될 일이다. 하지만 같은 목표를 갖고 있으면 그러한 대립을 해소하고 목표를 달성하는 데 유용한 아이디어가 생긴다.

이러한 구조를 이용해서 대립을 해소하는 방법이 있다. 제약조건 이론인 TOCTheory of Constraints(모든 기업과 조직에는 하나 이상의 제약이 존재하며 이 제약 요소를 찾아내 성과를 향상시키는 기법으로 엘리 골드렛 박사가 발표했다—옮긴이)에서는 '대립해소도'로서 소개되어 있다. 당연하다 생각했던 제약을 깨달음으로써 새로운 발상을 할 수 있게 된다.

대립해소도의 예로서 야심찬 목표를 세우는 경우와 그렇지 않은 경우를 대비해 생각해보자. 다음의 도표에서는 행동단계인 [D: 야심찬 목표를 세운다]와 [D′: 야심찬 목표를 세우지 않는다]가 대립하고 있다. 하지만 양쪽의 입장에서 공통인 상위의 목적을 생각해보면 [A: 높은 성과를 올리고 싶다]라는 점에서는 일치한다.

Objective
Key
Results

그 다음으로 D와 D′가 공통 목적인 A의 어떤 희망 사항을 만족하고 있는지를 명확하게 한다. [B: 도전한다]와 [C: 세운 목표를 달성한다]도 얼핏 보면 대립하고 있는 것처럼 느껴지지만 공통 목적 [A: 높은 성과를 올리고 싶다]의 관점에서 생각하면 이들의 양립은 바람직한 일이다.

이처럼 공통의 목적(이 경우는 [A: 높은 성과를 올리고 싶다])이 있어야 새로운 착지점을 찾을 수 있다. 이 공통 목적이 더 야심적일수록 합의하기 쉽다.

## 대립해소도의 예

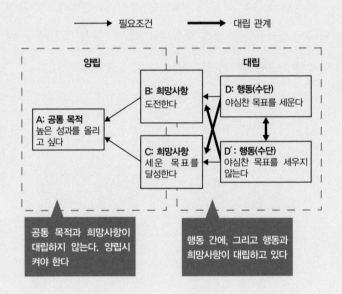

필요조건 ──▶   대립 관계 ━━▶

**양립**                    **대립**

**B: 희망사항**
도전한다

**D: 행동(수단)**
야심찬 목표를 세운다

**A: 공통 목적**
높은 성과를 올리
고 싶다

**C: 희망사항**
세운 목표를
달성한다

**D′: 행동(수단)**
야심찬 목표를 세우지
않는다

공통 목적과 희망사항이
대립하지 않는다. 양립시
켜야 한다

행동 간에, 그리고 행동과
희망사항이 대립하고 있다

# 04

# OKR에 관한 오해

OKR은 감각적으로 이해하기 쉬워서 잘못 해석되는 경우도 많다. 어떠한 오해가 일어날 수 있는지 사례를 인용해 OKR을 깊이 이해하자.

## 스타트업에서만 사용한다?

OKR은 구글, 페이스북 등 비교적 새로운 기업에서 도입한 사례가 많이 소개되기 때문에 스타트업에서만 사용되는 방법이라고 오해하고 '우리는 사용할 수 없어' 하고 단념하는 경우가 있다. 물론 스타트업 기업이 OKR을 도입하기 손쉬운 것은 사실이다. 사례가 풍부해서 도입 시 검토하기에 순조로운 면이 있다. 하지만 일반적인 기업에서도 OKR은 매우 효과적이다. 전통 있는 기업 가운데는 이미 MBO나 KPI라는 목표관리 체계가 도입되어 있는 곳이 많은데 이러한 제도와 OKR을 조합해서 사용할 수도 있다.

## 기업 차원에서 사용하는 시스템이다?

——

OKR 체제는 단순해서 개인의 목표 관리는 물론이고 팀이나 부서의 목표 관리에 사용할 수 있다. 다만 기업 차원에서 OKR 방식을 도입해 기업 차원, 부서 차원, 팀 차원, 개인 차원의 OKR을 서로 연계하여 효율적으로 활용하면 그만큼 큰 성과를 얻을 수 있다.

## 개인의 실적 평가에 사용한다?

——

목표를 달성했을 때의 대가로서 급여와 상여에 반영시키기 위해서 개인 OKR을 설정한다는 말도 대표적인 오해다. OKR은 더욱 높은 목표를 세우고 그 목표를 달성해나가기 위한 방식으로 실적 평가와는 따로 떼어 생각해야 한다.

## 관리부서가 지표를 정한다?
—

OKR이 유용한 이유는 조직 내에서 일하는 사람들의 자주성을 이끌어내기 때문이다. 기업 차원에서 OKR의 도입에 관한 업무를 경영기획실 같은 관리부서가 추진해도 상관은 없지만, 관리부서가 개별 부서나 팀의 지표를 정하는 것은 좋지 않다. 계획을 강요하는 형태가 되어 자주성을 잃을 수도 있다.

'지표 설정을 개별 부서나 팀에 맡기면 달성하기 쉽고 편한 목표치를 설정하지 않을까?' 하고 못미덥거나 불안한 마음이 들지도 모르지만, 다시 떠올려보자. OKR의 원칙은 '야심적'인 목표를 세우는 것이므로 그러한 염려는 떨쳐버려도 좋다.

물론 회사 전체의 규모에서 OKR 설정을 위한 목표 지침이 있어야 그 일에 매진하기 쉬운 것은 사실이다. 하지만 그 지침 자체가 부서나 팀의 핵심 결과지표Key Result가 되는 것은 아니다.

## 리더가 결정한 지표를 구성원이 준수한다?
—

OKR을 도입해 사용한다고 해서 리더의 뜻대로 구성원을 조종하게 되는 것은 아니다. 지표는 리더와 구성원이 모두 납득해서 결정해야 한다. 팀 차원에서 지표를 결정하고 그 지표를 활용해 팀의 성과를 향상시키는 데 사용한다.

# 05

# OKR의 장점

이제는 OKR의 개념과 이미지가 확실해졌을 것이다. 지금까지 설명한 내용을 토대로 OKR의 장점이 무엇인지 알아보자.

## 큰 성과를 얻을 수 있다

성공 여부의 확률이 반반인 야심적인 목표를 세우기 때문에 그 목표를 달성하면 큰 성과를 얻게 된다. 달성하지 못한다 하더라도 80퍼센트 정도만 달성하면 충분한 성과라고 할 수 있다.

## 구성원이 책임 의식을 가지고 일할 수 있다

———

기존에 존재하고 있던 작업 차원의 계획이 윗선에서 명령으로 주어지고 그 일을 해내야만 하는 상태에서는 누구나 남이 시켜서 마지못해 하는 느낌을 갖게 된다.

OKR에서는 OKR을 결정할 때부터 구성원이 함께 참가하고 정해진 OKR을 활용해서 일을 추진한다. 자신들이 무엇을 할지를 직접 정하고 스스로 정한 목표를 위해 자신들이 실행하는 것이니만큼 책임 의식을 갖고 일하게 된다.

늘 하던 일만 한다면 야심적인 목표를 이룰 수 없다. 항상 다방면으로 많은 연구가 필요하다. 이러한 연구를 반복하고 그로 인한 효과를 팀에서 공유한다면 어떤 결과를 달성하기 위해 필요한 행동을 제대로 해낼 수 있다고 생각하는 자기효력감도 향상된다.


## 도전하기 쉬워진다

———

야심적인 목표를 세우는 일 자체를 도전이라고 생각해도 좋다. OKR을 도입한다는 것은 회사로부터 팀의 도전을 인정받는 일이다. '도전해라' 하고 지시만 내리고 실패를 절대 용납하지 않는 환경이라면 누구라도 도전하고 싶지 않을 것이다.

## 활동의 진척 상황이 보인다

———

핵심 결과지표Key Result 는 측정 가능하다. 핵심 결과지표를 측정하고 현재의 상황에 맞춰 활동이 어느 정도 진척되고 있는지를 객관적으로 알 수 있다.

## 다른 부서나 팀과 협력하기 쉬워진다

———

다른 부서나 팀도 OKR을 사용한다면 어떠한 활동을 하고 있는지 외부에서도 이해하기 쉽다. 상대를 이해할 수 있으면 서로의 이해관계를 알 수 있어 협력 가능한 방법을 모색할 수 있다.

OKR을 효과적으로 활용하면 이와 같은 이점을 얻을 수 있다. 어디까지나 '잘 활용할 경우'의 이야기다. 다음 장부터는 OKR을 효과적으로 활용하기 위한 핵심 요소로서 OKR 설정 방법과 운용 방법을 소개하겠다.

Objective
Key
Results

OKR이 주목받는 이유는 공격적인 목표 관리 기법으로
탁월한 성과로 이어지는 경영법이기 때문이다.

Focus집중 — Alignment정렬 — Tracking추적 — Stretching도전

OKR이 잘 시행되고 있는지 점검할 때는
SMART 사고법을 활용한다.

Specific 구체적인가 … Measurable달성 정도를 측정했나 …
Ambitious야심적인 목표인가 … Relevant목표과 연관되었나 …
Time-bound기한이 있는가

OKR 브리핑 시 KPTA 검토법을 활용하여
목표 달성을 이뤄낼 수 있다

Keep지속 — Problem문제 — Try시도 — Action 개선

OKR이 상승효과를 내려면 상위의 핵심 결과지표를
여러 개의 팀에서 달성하는 형태를 취해야 한다.

OKR

# 2장

# OKR의 시작

가슴 뛰는
목표를 향해
앞으로 나아간다

# 01

# 목표 결정 프로세스를 확인한다

OKR을 활용하는 프로세스는 크게 두 가지가 있다. 한 가지는 '목표를 결정하는 프로세스'다. OKR에서는 팀 구성원들이 스스로 가슴 뛰는 목표를 정한다.

또 한 가지는 '목표를 향한 프로세스'다. 구성원의 힘을 합쳐 자신들이 결정한, 가슴 뛰는 목표를 향해서 팀원이 모두 하나가 되어 앞으로 나아간다.

이번 장에서는 그 첫 번째 프로세스인, 목표로 삼을 OKR을 결정하는 과정을 소개하겠다. 목표, 즉 OKR을 설정하려면 '팀의 범위를 정한다→팀의 미션을 결정한다→마일스톤milestone(일의 진행 상황을 관리하기 위한 통과점이나 중간 목표점-옮긴이)을 정한다(3개월 단위의 Objective)→모델을 작성한다→

## 목표 결정 프로세스

팀의 범위를 정한다

팀의 미션을 결정한다

마일스톤을 정한다
(3개월 단위의 목표)

모델을 작성한다

목표를 결정한다
(목표에 대한 핵심 결과지표)

목표를 향한 프로세스

목표를 결정한다(Objective에 대한 Key Result)'라는 과정을 밟아나간다.

OKR에서는 한 가지 Objective(목표)에 3~5가지 정도의 Key Result(핵심 결과지표)를 결정하는 것이 좋다. 목표와 핵심 결과지표를 결정하는 흐름이라고도 한다.

Objective
Key
Results

# 02

# 팀의 범위를 결정한다

맨 먼저 대상으로 할 팀을 결정한다. 팀 구성원 전원이 그 팀의 전임專任이라면 간단히 팀의 범위를 결정할 수 있다. 또한 특별한 과제 수행을 위해서 새롭게 구성된 팀이라면 범위를 결정하느라 고민할 일은 없다.

하지만 대부분 지금까지의 다양한 배경과 상황에 따라 현재의 팀이 결성된 것이다. 구성원 가운데는 회사 내에서 여러 업무를 겸임하고 있는 사람이 있을지 모른다. 이상적인 형태는 조직상 팀에 있는 전원이 한 가지의 OKR을 사용해 목표를 설정하는 일인데, 업무가 너무 다르면 같은 OKR을 사용할 수 없다.

처음 도입할 때는 그 후 결정할 미션을 염두에 두고 대상이 될 구성원을 결정하면 된다. 일이 원활하게 진행되면 구성원을 늘려 팀을 확대해나간다.

다음의 그림은 구성원 6명이 4가지 업무를 담당하고 있는 사례다. 선의 굵기는 업무에 주력하는 강도를 나타내고 있어 굵은 쪽이 더 주력도가 높다고 이해하면 된다.

업무B에 관여하고 있는 사람이 가장 많으므로 이 업무를 중심으로 OKR을 도입하기로 하고, 다음 단계에서 수행 과제를 생각하기로 한다.

B와 C는 다른 업무를 겸하고 있지 않으니 확실하게 이 팀의 구성원으로 한다. A와 D는 다른 업무를 겸하고 있지만 업무 B에 대한 주력도가 높으므로 구성원으로 해도 문제없다. 반면에 E는 업무B에도 관여하고 있지만 다른 업무에 대한 주력도가 더 높기 때문에 우선은 구성원에서 제외하고 생각한다. F는 업무B와의 관련이 없으므로 당면한 프로젝트에서 구성원으로 생각하지 않는다.

이로써 OKR의 적용 대상이 될 팀의 범위가 결정되었다.

Objective
Key
Results

## 팀의 범위를 결정한다

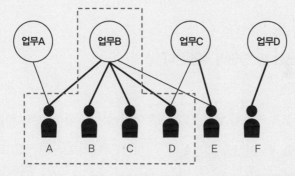

중심 업무를 선택하고 그 업무에 깊이 관여하고 있는 구성원으로 OKR을 시작한다.

# 03

# 팀의 미션을 결정한다

## 미션은 팀 전원이 결정한다

OKR을 적용할 팀을 정했다면 이번에는 그 팀이 수행해야 할 과제, 즉 미션을 결정한다. 리더가 독단적으로 결정하고 그 결과를 팀 구성원에게 전달하는 식의 톱다운 방식도 있지만, 이 방법은 권하고 싶지 않다.

구성원이 생각하는 미션은 각자 조금씩 인식이 다르기 마련이다. 지금까지 오랫동안 계속되어 온 직장의 팀이라면 당초의 미션이 불명확해졌거나 개인의 인식 차이가 크게 벌어졌을지도 모른다. 이렇듯 개개인의 인식이 다른 상황에서 윗선이 일방적으로 과제를 강요하는 방식은 피해야 한다. 시간을 두고 팀의 미션이 무엇인지를 조정해나가자.

다만, 처음에 미션을 가진 사람이 있고, 그 미션을 실행하고자 구성원들이 자발적으로 참가했다면 이에 해당되지 않는다. 처음부터 미션이 갖추어져 있다고 간주해도 좋다.

## 미션을 정하는 방법
—

미션을 결정할 때는 우선 팀이 존재함으로써 어떤 이점이 팀 외부에 영향을 미치는지, 혹은 팀이 제 기능을 원활히 하지 못할 경우 어떤 피해나 손해가 발생해 팀 외부에 영향을 미치는지를 문서로 나타내보자.

이를테면, 사내 보안팀은 안전사고가 일어나지 않도록 관리할 책임이 있다. 사고가 일어나지 않으면 훌륭한 팀으로 평가받겠지만 주변에서 볼 때 별로 눈에 띄지 않기 때문에 높은 평가를 받을 기회가 적어 팀으로서의 동기 부여가 되지 않을 수도 있다. 하지만 안전을 지켜야 할 팀이 제 기능을 하지 못하면 사고가 늘어나고 사고 후 대응 과정에서 사내의 많은 업무가 중단되면 기업으로서 큰 손실을 입는다. 미션을 언어로 표현하기 어렵다면 이처럼 팀이 팀의 외부에 어떠한 영향을 미치는지부터 생각해보자.

팀의 미션을 결정하는 방법을 예를 들어 소개하겠다. 포스트잇을 사용해 의견을 모으고 그 내용을 토대로 문장화하는 방법이다.

① 포스트잇에 '우리의 고객'을 적는다.

→ 한 사람이 여러 장을 적어도 상관없다. 고객은 팀의 성과를 기뻐하는 사람인 동시에 팀이 만족시켜야 하는 사람들이다. 보안팀이라면 사내의 모든 직원과 거래처까지 포함될 것이고 판매팀이라면 물건을 구매하러 오는 고객이다.

② 구성원들이 각자 적은 '우리의 고객'을 게시한다. 게시할 때는 내용이 같은 포스트잇은 겹쳐서 붙인다.

③ '우리의 고객'을 선택한다.

→후보가 둘일 때는 단순하게 다수결로 결정한다. 후보가 셋 이상이라면 한 사람당 두 표나 세 표로 후보를 선택하는 복수투표권 방식을 채택한다. 여러 고객이 있어 한 고객만으로 결정하지 않아야 좋은 경

우라면 무리해서 선택할 필요는 없다.

④ ③에서 결정한 고객을 대상으로 포스트잇에 '고객이 우리에게 바라는 것'을 적는다.

→실제 고객을 만날 수 있다면 원하는 내용을 직접 듣는 방법이 가장 좋다. 만날 수 없는 경우는 과거의 경험을 통해 예상해서 적는다.

⑤ ②~③과 같은 순서로 '고객이 우리에게 바라는 것'을 세 가지 이내로 좁힌다.

⑥ '고객이 원하는 상태를 실현할 것'을 전제로 포스트잇에 '우리가 제공할 사항'을 적는다.

⑦ ②~③과 같은 순서로 '우리가 제공할 사항'을 세 가지 이내로 좁힌다.

⑧ 지금까지 나온 키워드를 연결해서 문장으로 만든다.


'우리 보안팀은 보안 위험 요소를 철저히 배제하고 사내의 IT 이용자들이 안전을 의식하지 않고도 안심하고 효율적으로 업무를 수행할 수 있게 한다.'

'우리 보안팀은 사내 IT 이용자의 IT 활용 능력을 향상시킴으로써 보안 사고를 미연에 방지한다.'

'우리 영업팀은 고객의 과제에 대해 자사 제품을 조합한 해결책을 최단시간 내에 제공한다.'

Objective
Key
Results

## 04

# 마일스톤을 정한다

## 미션의 유형을 확인한다

미션에는 크게 두 가지 유형이 있다. 한 가지는 새로운 물건이나 일을 창조하는 데 중점을 두는 유형이고, 다른 한 가지는 현상을 유지하거나 더 좋은 상태로 조금씩 개선하는 데 중점을 두는 유형이다. 신규 비즈니스의 창설이나 신제품 개발이 전자에 해당하고 사내 IT 보안을 지키는 일은 후자에 해당한다. 영업은 방법에 따라 다른데, 제안형 영업이라면 전자이지만 기존 고객을 대상으로 관리하는 루트영업이라면 후자이다.

이 미션의 유형에 따라 마일스톤의 사고방식이 달라진다.

창조적인 미션의 경우, 현상이 0이라고 하면 새로운 1을 만들어 내거나 1을 1년에 걸쳐 100으로 만드는 이미지를 떠올리면 이해하기 쉽다. 반면에, 현상 유지나 개선에 중점을 두는 미션인 경우는 현상이 100이라고 하면 그것을 100인 채로 줄곧 유지하거나, 1년에 걸쳐 100을 120으로 만드는 식이다. 수치로 보면 별반 차이가 없어 보이지만 만약에 아무 활동도 하지 않는다면 1년 후에는 100이 50이 되는 등 상황이 악화될 수 있다. 다만 1년이라는 기간은 현재의 비즈니스 주기로 볼 때는 너무 길기 때문에 3개월이나 1개월 정도의 짧은 기간으로 구분하는 것이 좋다.

3개월로 구분한다고 할 때, 3개월 후에 어떻게 되어 있을지를 정성적定性的인 표현으로 나타낸 것이 바로 목표다.


## 'O Objective'는 가슴 설레는 내용으로 한다

영어를 공부하는 사람 중에는 토익 800점을 취득하겠다는 식으로 목표를 세우는 사람이 많다. 그러나 수치만을 목표로 삼으면 어딘지 무미건조하다.

그보다는 해외 출장 때 현지인과 상담을 할 수 있게 하겠다. 해외여행에서 쇼핑할 때 값을 깎을 수 있는 실력이 되겠다 등 원하는 자신의 이미지를 절실하게 떠올리면서 공부하는 편이 한결 의욕이 솟는다.

OKR에서도 이와 마찬가지로 의욕을 고무시키는 내용을 목표라고 한다. 되풀이해서 말하지만, 목표를 결정할 때 또 하나 중요한 것은 '야심적Ambitious'이어야 한다는 점이다. 계획 시점에서 그 달성 확률이 60~70퍼센트라고 생각할 정도로 높은 목표를 설정한다.

이때 타 경쟁사의 정보를 참고할 수도 있다. 그때 '경쟁사가 ○○이므로 우리는 □□으로 한다'는 식으로 경쟁사를 과하게 의식한 목표는, 정하기는 쉬울지 몰라도 가슴이 뛰지는 않는다. 그보다는 '이 업계에서 최고가 되겠다'는 목표를 세우는 편이 더 가슴 설레고 동기 부여가 된다.

# 05

# 모델을 작성한다

OKR의 'O'인 목표Objective가 결정되면 다음은 이 목표 달성을 향해 나아가고 있다는 사실을 보여주는 목표치인 핵심 결과지표Key Result를 정한다. 핵심 결과지표는 1장에서 서술했듯이 수치로 표현할 수 있는 것이어야 한다.

팀의 성과를 올리기 위해서 어떠한 활동이 있고 그것이 어떻게 서로 영향을 미치는지를 이해할 수 있다면 핵심 결과지표를 바로 결정할 수 있다. 하지만 그렇지 않은 경우는 분석적으로 모델을 작성할 것을 권한다. 특히 무언가를 새롭게 시작할 때는 그 영역의 지식이 부족하므로 팀 구성원이 함께 의견을 내고 맞춰가면서 가설을 세우는 것이 좋다.

온라인 상에서 상품을 판매하고 있는 팀이 판매 수량을 늘리는 일을 예로 들어 생각해보자. 여기서는 다음에 나타낸 것처럼 인과 루프 도표로 표현한다. 검은 색으로 칠해져 있는 화살표는 화살의 시작점 수치가 늘어나면 화살촉의 수치가 줄어드는 것을 보여준다.

두 줄로 표시한 선은 지체를 나타낸다. 지체란 화살의 시작점에 변화가 일어나고 나서 화살촉에서 변화가 나타나는데 시간이 걸린다는 의미다.

① 인과 루프 도표

- 판매 부수를 늘리려면 온라인을 이용하는 회원 수를 늘려야 한다.
- 회원 수를 늘리기 위해서는 취급 상품수를 늘려야 한다. 사고 싶은 상품이 없으면 당연히 회원이 될 확률이 적다.
- 취급 상품수를 늘리려면 판매 수량을 늘려야 한다.

② 인과 루프 도표

- 나쁜 평판이 증가하게 되면 판매 수량은 줄어들기 마련이다.

# 인과 루프 도표의 예

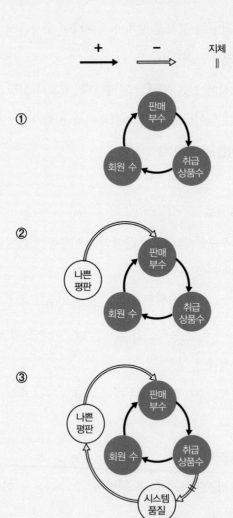

Objective
Key
Results

### ③ 인과 루프 도표

- 취급 상품수가 증가하면 시스템 처리가 늦어지고 시스템 사용이 불편해져서 결국 시스템의 품질이 저하된다.
- 시스템 품질이 저하되었다고 인식되면 평판은 더욱 나빠진다.

팀 구성원의 지식과 견해를 모아 이런 식으로 모델을 만들어나간다. 이때 내용을 지나치게 자세히 아는 사람이 있으면 세세한 정보에 신경 쓰게 되어 도표가 복잡해진다는 점에 주의해야 한다. 도표가 복잡하면 이해하기 어려우므로 적당히 추상적인 표현을 사용해서 정리하고 간략하게 그린다.

여기서 그린 모델은 어디까지나 가설이므로 이 모델에 너무 집착하지 않도록 하자. 덧붙이자면 이러한 모델을 그릴 때는 '베조스의 냅킨(아마존의 창업자인 제프 베조스가 사업계획을 구상할 때 종이 냅킨에 그린 비즈니스모델―옮긴이)'같은 자료가 도움이 된다.

# 06

# 목표를 결정한다

## 어떤 지표에 주목할지를 결정한다

모델을 그렸다면 어떤 수치에 주목할지를 결정한다. 모델 중에서 세 가지 정도를 지표로 선택하면 좋다.

앞서 말한 온라인에 의한 판매 모델을 살펴보면 판매 수량, 회원 수, 취급 상품수, 나쁜 평판, 시스템 품질, 이렇게 다섯 가지 요소가 언급되었으므로 전부 지표로 삼고 싶지만, 지표가 많으면 집중하기가 어렵다. 또한 각각의 지표 상황을 평가할 때 시간이 걸린다. 최대 세 가지를 선택하면 충분하다. '판매 수량'과 '회원 수'는 반드시 선택해야 하는 요소다.

앞으로의 일을 생각하면 '시스템 품질'도 선택하고 싶지

Objective
Key
Results

만 이는 목표를 어떻게 정했는지에 따라 판단한다.

회원 수가 최근 3개월~6개월 사이에 1만 배로 늘었다면 시스템 품질을 지표로 하여 수치를 계산해볼 필요가 있다. 하지만 이미 안정된 상태라면 그런 일에 자원을 소비해서는 안 된다.

## 구체적인 수치 목표를 정하고 'KR Key Result'로 한다
—

지표를 결정했다면 현 시점의 상황과 마일스톤으로 구체적인 수치 목표를 결정한다. 이것이 핵심 결과지표Key Result다.

핵심 결과지표가 세 가지 정도로 정해지면 우선순위를 매긴다. '고중저'로 표현하는 우선도가 아니라 명확히 순서를 매기는 우선순위다. 모든 핵심 결과지표를 달성하기 위한 행동을 할 때 어떤 순서로 주력할지를 판단하는 기준이다.

환경이 복잡한 경우는 모델을 그리는 데 시간이 많이 걸린다. 지표를 결정하는 데 오랜 시간이 걸려서 중요한 실행을 할 수 없다는 것은 말이 안 된다. 시간이 걸릴 것 같으면 오로지 직감으로 핵심 결과지표를 결정하는 방법도 좋다.

# 07

# 핵심 결과지표는 SMART로 생각한다

핵심 결과지표를 결정할 때는 목표 설정 방법으로 자주 활용되는 대표적인 사고법 'SMART'가 도움이 된다. SMART의 각 알파벳은 'S-구체적으로, M-측정 가능한, A-달성 가능한→야심적인, R-관련된, T-기한이 있는'을 의미한다.

## S: Specific(구체적으로)

팀 구성원 누가 읽어도 똑같이 인식할 수 있도록 구체적으로 표현해야 한다. 앞의 도표를 예로 들자면 '판매 수량'이나 '회원 수'는 파악하기 쉽지만 '시스템 품질'은 애매하다. 이런 애매한 기준보다는 '검색 시간'이라든지 '회원의 문의 횟수'와 같이 구체적인 수치로 나타낸다.

## M: Measurable(측정 가능한)

—

마일스톤까지의 중간에 핵심 결과지표로 달성 정도를 확인한다. 현재 상태를 알 수 있도록 정량화하는 동시에 측정 방법도 명확하게 해둔다.

## A: Achievable(달성 가능한) → Ambitious(야심적인)

—

일반적인 목표관리 방법이라면 지나치게 높은 이상을 추구하기보다는 '조금만' 노력하면 달성할 수 있는 수준으로 설정하기를 권한다. 반면에 OKR에서는 기한까지 달성할 수 있는지 없는지, 감각적 기준으로 60~70퍼센트 정도의 수준에서 목표를 설정한다.

목표의 달성 확률이 60~70퍼센트가 되도록 하면 저절로 핵심 결과지표의 달성 확률도 같아지지만, 구체적인 수치를 보면 '100퍼센트 달성해야 하는 수치 목표'라는 사고에 자신도 모르게 얽매일 수 있으니 조심해야 한다.

## R: Relevant(관련된)

—

핵심 결과지표는 목표를 달성하는 데 필요한 내용이어야 한다. 작성한 모델에서 지표를 선택했다면 이 'R$_{Relevant}$'의 항목은 문제없지만, 핵심 결과지표를 직감으로 결정하거나 애매한 지표를 구체적인 표현으로 고친 경우는 내용에 착오가 생기지 않도록 한다.

## T: Time-bound(기한이 있는)

—

목표를 달성하는 기한이다. 마일스톤을 3개월로 구분한다면 3개월 후다.

Objective
Key
Results

# OKR의 설정 사례

OKR의 설정 사례를 몇 가지 소개하겠다.

**[병동 간호사 팀의 사례]**

**Objective:** 근무하기 좋은 직장으로 만든다.

**Key Result**

- A: 환자의 클레임 0건
- B: 부정적인 이유로 인한 퇴직자 0명
- C: 잔업 시간을 30퍼센트 줄인다.
- D: 개개인 잔업 시간의 차이가 20퍼센트 이하가 되도록 한다.

간호사의 인력 부족이 문제가 되고 있는 병원에서 작성한 병동 간호사의 OKR 사례다. 현장에서 대두된 과제 중에 '독신 간호사에게 업무가 과도하게 몰린다', '신입 간호사가 오래 버티지 못한다'와 같은 내용이 있어 이들 과제에서 핵심 결과지표를 결정했다.

## [주문식 무한리필 음식점의 사례]

**Objective:** 손님이 만족하고 웃으며 돌아갈 수 있는 가게를 목표로 한다.

**Key Result**

- A: 터치 패널 주문 시부터 음식이 나갈 때까지의 시간 3분 이내
- B: 셀프코너의 식재료와 식기 부족으로 인한 클레임 0건
- C: 매출 X원
- D: 이익률 Y%

수익 향상을 중심 목적으로 하고 각 팀에 개선 활동을 시작한 한 체인점의 OKR 사례다. 수익 향상을 가장 중요한 목적으로 하면 목표에 '매출'이나 '이익률' 등을 언급하는 경

향이 있지만, 그렇게 설정하면 마음이 설레지 않는다. 그래서 '고객이 만족하고 웃으며 돌아갈 수 있는 음식점을 만든다'는 목표를 정했다.

이 목표도 당초에는 '최고로 극진하게 대접한다'였으나 '대접한다'는 말도 가게 측의 자기만족에 지나지 않는다. '극진하게 대접한 결과 어떻게 되었나?' 하는 관점에서 '손님이 만족스러운 표정으로 돌아갈 수 있는 가게로 만든다'는 점에 착안했다.

핵심 결과지표에는 처음에 '맛있는 식사를 제공한다'는 내용이 뽑혔지만 이것은 음식점으로서 당연한 일이며 또한 측정하기가 어렵기 때문에 탈락! '가격이 비싸면 맛있을 수밖에 없다'는 의견도 있었지만 그렇게 해서 반드시 수익 향상으로 이어진다고는 판단할 수 없기 때문에 탈락되었다.

**[시스템 통합 업체 인재 채용 팀의 사례]**

**Objective:** 웹 마케팅 사업의 일인자가 된다.

**Key Result**

- A: 데이터 사이언티스트(기업이 가진 빅데이터를 저장, 처리, 분석하는 업무를 보는 전문가―옮긴이)를 채용한다. → 3명

- B: 데이터 사이언티스트 후보와 면담한다. → 20명
- C: 데이터 사이언티스트의 직무를 정의해둔다.

시스템 통합 업체에서 새로운 사업 분야를 개척하게 되어 이에 적합한 인재를 고용하기 위해 인사부와 담당사업부의 대표로 인재 채용팀을 결성했다. 이 팀의 OKR 사례다.

당초에는 목표가 '데이터 사이언티스트를 3명 채용한다' 이고 핵심 결과지표는 '인재 모집 사이트에 공고를 올린다 → 10개 사이트', '공고문을 작성한다' 는 내용이었다. 하지만 이렇게 하면 핵심 결과지표가 업무 내용이 되기 때문에 바람직하지 않다.

그래서 '왜 데이터 사이언티스트를 3명이나 채용할 필요가 있는가?' 에 대해 팀에서 토론을 한 결과 '웹 마케팅 사업에서 최고가 된다' 라는 구성원들의 의견이 수렴되었기에 이를 새로운 목표로 결정했다.

이 토론에서는 '애초에 데이터 사이언티스트는 어떤 사람인가?' 하는 의문도 나왔다. 실제로는 누구나 어렴풋한 이미지를 갖고 있지만 말로 하려면 정확히 설명하기가 어렵다. 그래서 이 개념을 정의하는 일을 가장 먼저 핵심 결과지표로 정했다.

Objective
Key
Results

OKR이 주목받는 이유는 공격적인 목표 관리 기법으로
탁월한 성과로 이어지는 경영법이기 때문이다.

Focus 집중 ─ Alignment 정렬 ─ Tracking 추적 ─ Stretching 도전

OKR이 잘 시행되고 있는지 점검할 때는
SMART 사고법을 활용한다.

Specific 구체적인가 ─ Measurable 달성 정도를 측정했나 ─
Ambitious 야심적인 목표인가 ─ Relevant 목표과 연관되었나 ─
Time-bound 기한이 있는가

OKR 브리핑 시 KPTA 검토법을 활용하여
목표 달성을 이뤄낼 수 있다

Keep 지속 ─ Problem 문제 ─ Try 시도 ─ Action 개선

OKR이 상승효과를 내려면 상위의 핵심 결과지표를
여러 개의 팀에서 달성하는 형태를 취해야 한다.

OKR

# 3장

# 팀 내
# OKR의 사용

계속해야 할 행동을
명확하게 정리한다

# 01

# 목표를 향한 프로세스를 확인한다

지금까지 목표 설정을 위한 수단으로서 OKR을 이해했을 것이다. 하지만 목표를 결정했다고 해서 안심할 수는 없다. 결정만 한다고 달라지는 것은 없다. 목표를 달성하려면 우선한 발을 내딛고 목표를 향해 나아가야 한다.

좁은 의미의 'OKR'은 단지 목표다. 목표를 정하고 나서 기도만 한다고 목표를 달성할 수 있는 것이 아니다. 일을 진행하기 위한 설계를 하고 하루, 일주일 단위로 여러 개의 PDCA 검토법(Plan-Do-Check-Act를 반복 실행하는 목표 달성 기법-옮긴이)을 반복하면서 실천해나간다.

목표를 향해 가려면 '운용을 설계한다(Plan) → 행동을 결정한다(Do) → 달성 상황을 평가한다(Check) → 행동을 재검

## 목표를 향한 프로세스

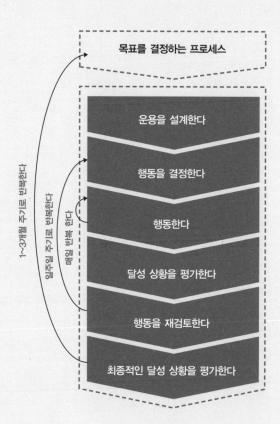

토한다(Act) → 최종적인 달성 상황을 평가한다' 는 프로세스

를 밟아야 한다.

Objective
Key
Results

# 02
# 운용을 설계한다

우선 행동의 결과가 핵심 결과지표에 좋은 영향을 미치고 있는지 판단해야 한다. 애초에 행동이 이루어지고 있는지를 언제, 어떻게 확인할 것인지를 결정해야 한다. 행동하거나 확인하는 일은 개인 차원에서 습관화되어 있으면 문제없지만, 그렇지 않은 경우는 팀에서 모여 확인할 시간을 정하는 것이 가장 좋다. 일주일간의 업무 사이클과 하루의 업무 사이클을 정하고 확인하는 방법을 권한다. 이러한 사이클은 다음의 시간표로 나타낼 수 있다.

OKR 브리핑은 팀 구성원이 한자리에 모여 핵심 결과지표의 달성 상황을 살펴보고 앞으로 일주일 동안의 행동을 논의하는 회의다. 일주일에 한 번 실시하며 시간은 한 시간이다.

# OKR 운용의 시간표 예

| | 월요일 | 화요일 | 수요일 | 목요일 | 금요일 |
|---|---|---|---|---|---|
| 아침 | | OKR 매일 점검 | OKR 매일 점검 | OKR 매일 점검 | OKR 매일 점검 |
| 오전 | OKR 브리핑 | | | | |
| 오후① | 개인 면담 | | | | |
| 오후② | | | | 개인 면담 | |
| 퇴근 시 | | | | | |

Objective
Key
Results

OKR '매일 점검'은 개인이 현재까지의 하루를 되돌아보고 어떠한 행동을 했는지를 확인해 내일 하루를 어떻게 보낼지를 결정하는 일이다. 하루에 한 번, 최대 15분 이내로 실시한다. 하루에 한 번이므로 어떤 시간대에 해도 상관없지만 권하고 싶은 시간대는 이른 오전 시간이다. 하루를 어떻게 보낼지 계획하는 것이기 때문에 오전에 정리하고 실천하는 게 좋다. 그리고 오늘 하루를 어떻게 보낼지가 결정되면 기분 좋게 일을 시작할 수 있다.

개인 면담은 리더와 구성원이 일대일로 대화하는 시간이다. 각 구성원이 일주일에 한 번, 15분 정도로 실천하게 된다.

리더와 구성원, 두 사람의 스케줄과 회의실 사용 여부 조건이 맞으면 되기 때문에 OKR브리핑이나 OKR 매일 점검에 비하면 일정을 조절하기 쉬운 편이다. 부담 없는 시간대를 확보해두면 된다. 그렇다고 해서 언제든 시간이 생기면 실시하겠다고 너무 안일하게 생각하면 안 된다. 다른 업무에 열중하느라 잊고 있다가, 문득 정신 차리고 보면 어느새 일주일이 지나 있고, 그제야 당황해 회의실 사용이 가능한지 알아보지만 이미 예약이 꽉 차 있어 이용할 수 없는 상황이 벌어질지도 모른다. 미리 시간대를 확보해두는 것이 중요하다.

# 03

# 행동을 결정한다

## 행동, 즉 해야 할 업무 과제를 설정한다

핵심 결과지표를 달성하기 위해 팀에서 이번 일주일 동안 무엇을 해야 할지를 팀 구성원끼리 의논하여 과제를 정리한다. 이 작업은 매주 월요일 OKR 브리핑 시간에 실시한다.

핵심 결과지표와는 직접 관계가 없어도 팀으로서 공유해야 하는 과제가 있으면 함께 제시한다. 업무 과제를 찾아내 살펴보는 이 작업은 익숙해지면 15~30분 정도에 끝낼 수 있지만 처음 할 때는 생각보다 시간이 꽤 걸린다. 처음에는 적어도 한 시간에서 두 시간 정도 여유 시간을 확보해두면 좋다.

## 업무 과제의 규모는
## 하루 이내에 완료할 수 있는 정도로 설정한다
——

만약 과제를 설정하는 데 두 시간 이상 걸릴 것 같다면 그것은 일주일보다 먼 미래의 업무를 지나치게 상세히 정리하려고 하기 때문인지도 모른다. 과제의 규모는 하루 이내에 완료할 수 있을 정도가 적당하므로 너무 상세하지 않아야 좋다.

또한 너무 세세해도 문제지만 너무 대략적이어도 문제다. 3일 걸릴 것 같은 일이라면 그 업무가 어디까지 진행되어 있는지를 파악하기 어렵기 때문이다.

A와 B의 두 가지 과제가 있다고 하자. 어느 시점에서 확인했을 때 A가 30퍼센트 완료되었고, B는 90퍼센트 완료되어 있는 상황이다. 이 결과만 보면 90퍼센트 완료되어 있는 B가 더 많이 진행되어 있는 것처럼 보이지만, 다음에 확인한 시점에서는 A가 60퍼센트 완료되었고, B는 95퍼센트 완료되었다면 어떨까. 게다가 다음 시점에 A는 100퍼센트 완료된 반면에 B는 96퍼센트 완료되었다고 보고될지도 모른다.

과제가 마무리되지 않은 사실 자체도 문제지만 그보다도 심각한 문제는 앞으로의 진행 과정을 전혀 예측할 수 없다는 사실이다. A도 B도 과제의 규모가 크기 때문에 그 진행 상태를 백분율로 나타내게 되었고 그래서 상황을 정확히 파악하기 힘들어진 것이다.

수치로 나타내는 것은 일이나 작업을 구체화하기 위한 수단 가운데 하나이기는 하지만, 수치화한다고 해서 무엇이든지 구체화할 수 있는 것은 아니다.

이러한 문제를 피하기 위해서 업무 과제의 규모를 하루 이내에 완료할 수 있을 정도로 하고 '끝났는지, 끝나지 않았는지'의 상태만으로 관리하자.


## 태스크 보드를 활용한다

—

업무 과제는 팀에서 공유해 관리하는 것이 좋다. 이때 효과 있는 도구가 태스크 보드Task Board다. 태스크 보드는 화이트보드나 포스트잇을 사용하는 아날로그 방식, 그리고 컴퓨터나 스마트폰의 앱을 이용하는 디지털 방식이 있다. 효과적으로 구분해 사용하는 방법은 나중에 서술하겠다.

일주일 치의 과제를 모두 찾아내 정리했다면 '해야 할 일'

# 태스크 보드

① 일주일간의 업무를 정리해서 '해야 할 일(To Do)' 칸에 배치한다.

② 작업을 시작하면 해야 할 일(To Do) 칸에서 '진행 중(Doing)' 칸으로 이동한다.

③ 작업이 완료되면 '진행 중(Doing)' 칸에서 '완료(Done)' 칸으로 이동한다.

| 해야 할 일(To Do) | 진행 중(Doing) | 완료(Done) |
|---|---|---|
| 과제 과제 과제 과제 과제 과제 과제 | 과제 | 과제 |

(실행해야 할 업무과제 중 착수하지 않은 일)　　(작업 중인 일)　　(작업 완료된 일)

칸에 배치한다. '해야 할 일' 칸은 팀에서 실행해야 할 업무 과제를 놓아두는 곳이다. 시점을 바꿔 말하면 아직 착수하지 않은 일이다.

작업을 시작할 때 '해야 할 일' 칸에서 실시할 과제를 선택해 '진행 중Doing' 칸으로 옮긴다. 그러면 그 업무 과제가 현재 작업 중이라는 사실을 알 수 있다.

작업 중인 업무 과제가 완료되면 '진행 중' 칸에서 '완료Done' 칸으로 이동한다. 그리고 다음 작업을 시작할 때는 새로운 '해야 할 일' 칸에서 착수하지 않은 일을 골라 '진행 중' 칸으로 이동한다. 이 과정을 반복한다.

팀 구성원 전원이 이 보드를 함께 사용하면 다른 사람이 어떠한 업무 과제를 하고 있는지, 팀으로서 어떠한 업무를 해야 하는지 수시로 의식하게 된다. 어떤 업무에 문제가 생기면 다른 사람도 재빨리 발견할 수 있다.

Objective
Key
Results

## 04

# 행동한다

이제 드디어 실제로 행동에 나설 차례다. 정리한 업무 내용을 참고로 움직여 보자. 이 과정에서는 적어도 하루에 한 번, 가능한 한 높은 빈도로 행동 상황을 갱신해야 한다.

태스크 보드로 일정을 관리하려면 어떤 과제가 완료되었는지, 어떤 과제가 진행되고 있는지 모두가 알 수 있도록 현황을 갱신한다.

진행 중 업무가 쓰인 칸에 동시에 많은 과제가 자리 잡고 있다면 주의해야 한다. 여러 가지 일을 동시에 진행하고 있다는 의미이므로 멀티태스킹multitasking 문제에 빠지지는 않았는지 확인해보자.

여러 가지 일을 동시에 진행하는 것이 더 생산적이라고 생각하는 사람도 있을지 모르지만, 실은 매우 효율성이 낮고 실수도 생기기 쉽다. 또한 너무 무리하면 신체적으로도 정신적으로도 심각한 문제가 생길 수 있다.

태스크 보드를 준비하기 어려운 경우는 일지를 써서 공유하는 방법도 좋다. 행동 상황은 실시간 갱신하면 좋지만, 갱신하는 것을 깜빡 잊기도 쉽다.

OKR을 매일 점검하기 위해 그날 이른 시간에 모두 모여서 상황을 갱신하는 방법도 있다. 구성원들이 모여 있는 자리이므로 상담하고 싶은 일이 있으면 바로 해결이 가능하다는 이점도 있다.

## 05

# 달성 상황을 평가한다

## O Object의 달성 상황을 평가한다

행동한 후에는 주 1회 OKR 브리핑 시간을 이용해 달성 상황을 평가한다. 우선은 목표를 향해 제대로 나아가고 있는지를 확인한다. 목표는 정성적인 내용이므로 수치화해서 확인하기는 어렵다. 그래서 팀 구성원의 감각에 의한 기준으로 판단한다.

평가 방법으로서 다음과 같은 방법을 활용해볼 수 있다.

① 각자가 목표의 달성 상황을 0~5점으로 평가한다.
② 사회자가 '시작!' 하고 구령을 외치면 구성원들이 동시

에 손을 들어 손가락 개수로 평가를 표시한다(1점이라면 손가락 1개, 3점이라면 손가락 3개를 내보인다).

③ 진행자가 집계해 평균점을 산출한다.

정성적인 내용을 확인하고자 할 때 그 내용을 단지 읽기만 하는 경향이 있지만, 이렇게 단순한 방법이라도 점수로 표명하면 목표에 관해 구체적으로 생각하게 된다. 또한 먼저 결정한 내용이라면 시간이 지나는 동안에 내용에 대한 해석이 각자 달라질지도 모른다. 해석이 달라질 경우 그에 관해서도 언급해두자.

이를테면 '우리 보안팀은 사내 IT 이용자의 IT 활용 능력을 향상시킴으로써 보안 사고를 미연에 방지한다'는 핵심 결과지표라면 '원래 IT 활용 능력이 뭐지?' 하는 의문이 생길지도 모른다.

정보량이 적은 상황에서는 충분히 구체적이라고 생각했던 사안이었지만, 정보량이 늘어남에 따라 구체화하기에 불충분하다는 사실을 알아차리는 일이 적지 않다.

평가를 할 때는 주위를 의식하지 않고 자신이 어떻게 생각하는지 솔직한 의견을 내는 것이 좋다.

Objective
Key
Results

## 손가락으로 평가하기

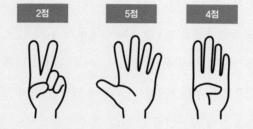

0점을 표현하는 주먹부터 5점을 표현하는 보자기까지 6단계로 평가하는 방법.
양손을 사용하면 0점부터 10점까지 11단계로 평가할 수 있다.

"A씨는 몇 점입니까?", "B씨는 몇 점입니까?" 하고 한 명씩 순서대로 물어보면 처음에 답한 사람의 점수에 영향을 받게 된다.

처음 사람이 5점, 그 다음 사람도 5점이라고 높은 점수를 낸 상황에서 그 다음에 당신이 평가를 내려야 한다고 생각해 보라. 실제로 자신은 2점이라는 낮은 점수를 매겼더라도 앞 사람들의 점수와 큰 차이가 나지 않도록 자신이 생각한 점수보다 조금 높여 3점이나 4점 정도로 말하게 되기 쉽다. 다른 사람의 평가를 듣지 않은 상태에서 '시작!' 하고 일제히 평가를 내림으로써 주위 사람들의 의견에 영향을 받지 않고 자신의 의견을 그대로 표현할 수 있다.

## KR Key Result의 달성 상황을 평가한다
—

목표 평가가 끝나면 계속해서 핵심 결과지표 평가를 한다. 앞에서 언급했듯이 OKR 브리핑은 팀 구성원 전원이 모이는 회의다. 많은 사람이 모이는 회의인데 핵심 결과지표의 상황 평가를 수집하는 데 시간을 허비하면 안 된다.

Objective
Key
Results

## Key Result를 그래프로 나타내 확인한다

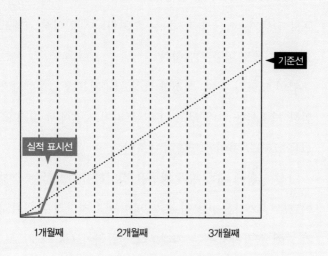

핵심 결과지표는 수치로 나타낼 수 있으니 OKR 브리핑이 시작되기 전에 누군가가 대표로 핵심 결과지표의 현재 수치를 집계해두거나, 언제라도 누구나 바로 확인할 수 있는 시스템을 마련해두어야 한다.

핵심 결과지표 달성 상황은 직감적으로 알기 쉽도록 그래프로 만들자. 핵심 결과지표는 수치화되어 있어서 그래프로 표현하기에도 아주 적합하다.

앞의 도표와 같이, 설정한 핵심 결과지표를 달성해나가기 위한 기준선을 그어 두고 OKR 브리핑 시점에서 실적 표시선을 그어 그 차이를 명확히 대조한다.

달성 상황에 대한 평가 방법을 정리하면 '목표'는 정성적이므로 손가락을 이용한 표현 방법으로 간단히 수치화해보자. '핵심 결과지표'는 원래부터 정량적이므로 그래프로 나타내 확인할 수 있다.

Objective
Key
Results

# 06

# 행동을 재검토한다

핵심 결과지표의 달성을 향해 예정대로 잘 가고 있는 경우에도, 그렇지 못한 경우에도 재검토는 반드시 필요하다. 예정대로 착착 진행되고 있는데 왜 재검토를 해야 할까? 핵심 결과지표는 최초 시점에서 목표를 달성할 수 있을지 아닐지를 60~70퍼센트 정도 선에서 설정한다. 따라서 예정대로 진행되고 있다는 것은 핵심 결과지표의 설정 자체가 안일했을지도 모르기 때문이다. 이러한 경우에는 핵심 결과지표를 새로 검토하여 재설정하자.

예정대로 진행되지 않는 경우도 많이 있다. 그럴 때는 핵심 결과지표 달성을 위해서 행동을 재검토한다. 하지만 좀처럼 핵심 결과지표를 달성하기가 어렵거나 핵심 결과지표를 달성했다고 해도 목표를 실현하는 데 성공하지 못했다면 이대로 행동을 재검토하면서 지속할 게 아니라 현재의 OKR을 버리고 새로운 OKR을 설정하는 방법도 숙고해봐야 한다.

행동을 재검토할 때는 행동지표와 결과지표라는 사고방식이 유효하다. 행동지표는 무언가 행동을 함으로써 직접 제어 가능한 지표다. 이에 반해 결과지표는 어떤 행동 결과에 의해 간접적으로 변화하는 지표이며 직접 제어할 수 없다.

사내 공부 모임을 예로 들어 생각해보자.

'사내 공부 모임의 참가자 수'는 어떤 행동으로 직접 변화시킬 수는 없으므로 결과지표다. 그렇다면 어떻게 해야 참가자 수를 늘릴 수 있을까? 사내 공부 모임의 횟수를 늘리면 참가자 수를 늘릴 수 있다. 공부 모임의 횟수가 많아도 1회당 참가자 수가 적은 경우에는 공지가 불충분했던 것은 아닌지 살펴봐야 한다. 이럴 때는 공지 채널을 늘려 참가자 수가 적은 문제를 해결할 수 있다. '사내 공부 모임의 실시 횟수'나 '사내 공부 모임의 공지 채널 종류'는 직접적으로 행동할 수 있으므로 행동지표에 해당한다.

이 행동지표와 결과지표 사이에는 '지체'가 발생한다는 사실에 유의하자. 행동해도 금세 그 결과가 수치로 나타나지

## 행동지표와 결과지표

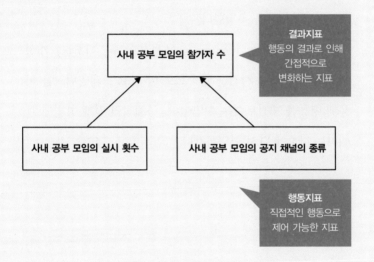

사내 공부 모임의 참가자 수

**결과지표**
행동의 결과로 인해
간접적으로
변화하는 지표

사내 공부 모임의 실시 횟수

사내 공부 모임의 공지 채널의 종류

**행동지표**
직접적인 행동으로
제어 가능한 지표

않는 경우가 많이 있다. 결과지표에 좋은 변화가 보이지 않는다고 해서 자꾸 새로운 일을 벌인다거나 한 번만 시도해보고는 곧바로 단념하는 일은 피하자. 얼마만큼의 횟수와 얼마만큼의 기간 동안 시도하느냐 하는 사안도 포함해 행동을 재검토하는 것이 중요하다. 행동을 재검토하는 방법으로는 'KPTA 검토법'을 추천한다.

KPTA 검토법은 지속성Keep, 문제점Problem, 시도Try, 개선책Action의 네 가지 시점을 주축으로 한 사고 프레임워크를 이용해 행동을 재검토하는 수법이다. 구체적인 진행 방법에 관해서는 나중에 다시 설명하겠다.

Objective
Key
Results

# 07

# 최종적인 달성 상황을 평가한다

마일스톤의 기한이 되면 최종적인 달성도를 평가한다. 각각의 핵심 결과지표 달성도도 중요하지만 더욱 중요한 것은 목표가 실현되었느냐 하는 점이다.

'목표가 실현되었는가, 아닌가' 하는 극단적인 평가일 필요는 없지만 적어도 목표에 가까워져 있어야 한다. 목표에 가까이 다가와 있다면 팀에서 기쁨을 공유하자. 목표가 실현되었다면 팀에서 '성대하게' 기쁨을 공유하자!

가장 나쁜 상황은 도중에 핵심 결과지표 상황을 확인하지 않고 마지막에 가서야 '아! 달성하지 못했어. 하지만 달성하지 못할 높은 목표를 세웠으니 당연한 거야' 하고 스스로 위안을 삼는 상황이다.

하지만, 나도 그러했고 주변을 봐도 이 같은 상황에 빠지기는 아주 쉽다. 자신도 모르게 현재 가장 가까이 있는 과제에만 몰두하고 있다가, 어느 순간 정신을 차리고 보니 3개월이 지나버려 당황하는 것이다. 당황하면 그나마 다행이다. 완전히 잊고 있어 어느새 없었던 일처럼 묻히고 마는 경우도 허다하다. 이러한 상황에 빠지지 않으려면 매주 정해진 시간대에 확인할 수 있도록 시간표를 짜서 일정으로 등록해두자.

평가가 끝나면 이어서 새로운 기간이 시작된다. 새로운 목표를 다시 정하고 그 목표를 향해서 활동해나간다.

Objective
Key
Results

## 08

# OKR 브리핑의 진행 방법

지금까지 '목표를 향하는 과정'의 큰 테두리는 이해했을 것이다. 이제는 각 과정에서 시행해야 하는 되돌아보기 방법을 상세히 알아보겠다.

## OKR 브리핑은 'KPTA 검토법'으로 되돌아본다

OKR 브리핑은 일주일에 한 번 모여서 핵심 결과지표 달성 상황을 평가하고 행동을 재검토하여 행동을 결정하는 세 가지 단계를 실천하는 회의다. OKR 브리핑의 일정표는 다음 의 표와 같다. PDCA 평가법의 순환을 이루는 계획Plan, 행동 결정Do,

평가Check, 개선Action에 관해서 팀 차원에서 생각한다.

시간은 OKR 브리핑에 익숙한 팀을 기준으로 설정했다. 그러므로 시작한 지 얼마 안 되어 아직 익숙하지 않은 팀이라면 적어도 시간을 두 배로 예상해야 한다.

이 책에서는 행동을 재검토하는 방법으로 'KPTA 검토법'을 소개한다. KPTA 검토법은 지속Keep, 문제Problem, 시도Try, 개선Action의 네 가지 시점을 주축으로 한 사고 프레임워크를 이용해 되돌아보는 퍼실리테이션 수법이다.

지속Keep은 '계속하는 일'이다. 잘되어 가고 있기 때문에 계속해야 하는 일이다. 어떤 사사로운 일이라도 좋으므로 계속해야 바람직하다고 생각하는 방법이다.

문제Problem는 '불만스러운 일'이다. 만족스럽지 못한 사항이나 개선할 여지가 있는 일이다. 발생한 현상뿐만이 아니라 자신이 느끼는 불만스러운 사안도 꼽는다. 또한 장래에 발생할 것 같은 미래의 문제, 즉 불안이나 위험성도 제시한다.

시도Try는 시도하고 싶은 일이다. 지속하고 싶은 일Keep과 문제점Problem에 대한 개선책이다. 부정적인 사고에서 비롯된 문제점에 대한 대책일 뿐만 아니라 현재 잘되어 가고 있어 이대로 지속하고 싶은 내용에 관해서도 한층 더 안건을 제시

## OKR 브리핑 일정표

| 시간(분) | 내용 | 비고 |
|---|---|---|
| 3 | 목표의 달성 상황을 평가한다 | 목표를 결정한 직후에 브리핑을 개최할 때는 이 평가 브리핑을 생략한다 |
| 5 | 핵심 결과지표의 달성 상황을 평가한다 | 목표를 결정한 직후에 개최할 때는 생략한다 |
| 30 | 행동을 재검토한다 | 목표를 결정한 직후에 개최할 때는 생략한다 |
| 20 | 행동을 결정한다 | |

※ OKR이 익숙해져 있는 팀의 경우

할 수 있다.

개선Action은 '실시하는 일'이다. 시도 단계를 받아들여 구체적으로 실천하는 일이다. 누군가가 언제 무엇을 어떻게 행할지를 명확히 한다.

KPTA 검토법은 다음에 소개하는 KPTA 보드를 기본으로 사용한다. 디지털 툴은 사용하기 어려운 경우가 있는데, 이런 경우는 자신의 상황에 맞춰 적절하게 궁리해 활용하길 바란다. 특히 지속Keep과 문제Problem 항목이 위아래로 나란히 있어서 디지털 툴과는 잘 맞지 않는다. 이때는 가로로 정렬하여 지속Keep → 문제Problem → 시도Try → 개선Action의 순서로 이용하면 좋다.

## 'KPTA 검토법'
—

KPTA 보드와 더불어 포스트잇과 펜까지 준비했다면 이제 KPTA 검토법을 시작하자. 처음 KPTA 검토를 할 때는 다음의 다섯 단계로 진행한다.

Objective
Key
Results

① Keep: 지속 희망 사항을 제시한다.

② Problem: 문제점을 제기한다.

③ Try: 시도 방안을 제안한다.

④ Try: 시도 방안을 선택한다.

⑤ Action: 개선책을 결정한다.

## 1단계: 지속Keep 희망 사안을 제시한다

목표 및 핵심 결과지표를 달성하는 데 이롭다고 생각하는 행동을 각자 포스트잇에 적는다. 전원이 다 쓰면 KPTA보드의 Keep란에 정리하면서 붙인다.

이때 한 사람이 한 장씩 순서대로 의견을 내는 '라운드로 빈round robin' 방법을 시도해보자. A, B, C, D의 순서로 의견을 내기로 한다. 우선 A가 적은 포스트잇을 한 장만 KPTA보드에 붙이고 읽는다. A와 같은 의견을 쓴 사람이 있다면 A가 붙인 포스트잇에 나란히 붙인다.

그리고 A의 다음 순서인 B가 새로운 안건을 KPTA보드에 붙이고, 마찬가지로 B와 같은 의견을 적은 사람이 자신의 포스트잇을 그 옆에 붙인다. 이렇게 C, D의 순서로 똑같이 실시하고 나서, 또 다시 A부터 순서대로 반복해 전원이 갖고 있는 포스트잇이 모두 없어질 때까지 계속한다.

라운드로빈 방식을 추천하는 이유는 의견을 대등하게 말할 수 있기 때문이다. 만약 A가 적은 포스트잇을 전부 붙이고 다음으로 B의 포스트잇을 전부 붙인 뒤 C, D의 순서로 진행하면 뒤쪽으로 가면 갈수록 같은 의견이 먼저 공유되어 새로운 의견을 내기가 어려워진다.

같은 의견인데도 순서가 먼저냐 나중이냐에 따라 팀에 대한 공헌도가 다르게 평가되기도 한다. 라운드로빈 방식으로 한 장씩 순서대로 붙이면 이러한 불합리한 상황을 줄일 수 있다.

## 2단계: 문제점Problem을 제기한다

목표 및 핵심 결과지표를 달성하는 데 있어 탐탁지 않은 현상이나 불만스러운 행동을 각자가 포스트잇에 쓴다. 문제점을 적을 때는 '시도 방안을 전제로 한 문제'의 형태로 쓰지 않도록 유의해야 한다. 예를 들어, '네트워크에 관한 사내 공부 모임을 개최하지 않는다'라고 쓸 경우 '~하지 않는다'는 '행동의 부정형'으로 되어 있어 '네트워크에 관한 사내 공부 모임을 개최한다'는 시도 방안Try을 포함하고 있다. 공부

Objective
Key
Results

모임을 개최하지 않아서 발생하는 현상인 '네트워크에 관한 문의에 대응하느라 시간을 빼앗긴다' 라는 식으로 쓰는 것이 바람직하다. 다 적었다면 KPTA 보드의 문제problem 칸에 정리해서 붙인다.

### 3단계: 시도Try 방안을 제안한다

KPTA 보드에 붙어 있는 지속Keep하고 싶은 일과 문제점 Problem에 대한 개선책을 생각해서 포스트잇에 적는다. 이때 정리한 개선책은 반드시 실행하는 것이 아니라, 실행할 수 있는지 없는지 알 수 없는 수준이어도 상관없다. 조금이라도 개선의 효과가 있을 것 같은 아이디어를 최대한 많이 적는 것이 중요하다.

포스트잇이 어느 지속Keep 희망사항이나 문제점Problem과 대응하고 있는지 알 수 있도록 붙여서 공유한다. 다양한 시점에서 아이디어가 나오므로 다른 사람이 적은 아이디어를 보면 자극되어 새로운 아이디어가 떠오르기도 한다. 그 경우는 아이디어가 떠오른 시점에 포스트잇에 그 아이디어를 적고 자신의 순서가 되면 붙여서 공유하자.

## KPTA 검토법 단계(첫 번째)

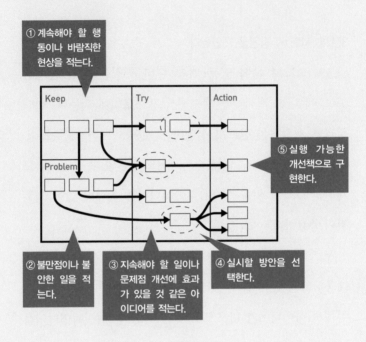

① 계속해야 할 행동이나 바람직한 현상을 적는다.

⑤ 실행 가능한 개선책으로 구현한다.

② 불만점이나 불안한 일을 적는다.

③ 지속해야 할 일이나 문제점 개선에 효과가 있을 것 같은 아이디어를 적는다.

④ 실시할 방안을 선택한다.

Objective
Key
Results

## 4단계: 시도Try 방안을 선택한다

시도Try 방안을 공유하면 효과가 있을 것 같은 안건을 선택한다. 포스트잇에 적은 시도Try 방안을 모두 실행할 것은 아니다. 열거된 내용 중에서 효과가 있을 것 같은데 그다지 노동력을 들이지 않아도 되는 내용을 여러 개 선택하라.

## 5단계: 개선책Action을 결정한다

선택한 시도Try 방안을 실행 가능한 개선책Action으로 구체화한다. 업무 과제 같은 개선책Action이라면 태스크 보드의 '할 일To do'로 제안하라. 팀의 규칙이라면 규칙을 추가하고 수정하자.

# 두 번째 이후의 'KPTA 검토법'
---

두 번째 이후의 KPTA 되돌아보기는 앞서 실행한 KPTA를 확인하는 일부터 시작하자. 시도 방안과 개선책을 확인하고 지속해야 할 내용이 있으면 포스트잇을 지속Keep으로 이동한다. 불필요한 시도 방안Try과 개선책Action을 제거한다. 문제점

Problem을 확인하고 불필요한 문제점Problem이 있으면 제거한다. 지속Keep해야 할 사항을 확인하고 불필요한 지속Keep은 제거한다.

지속Keep 칸에는 시도 방안Try과 개선책Action에서 포스트잇이 이동해 들어오기 때문에 많이 쌓인다. 정말 중요한 것은 팀으로서 계속해야 할 행동을 명확하게 하는 일이다.

팀의 능력이 향상되거나 외부 환경이 변화함에 따라 어떤 행동을 계속하는 것이 팀의 성과 저하를 초래할지도 모른다. 그러한 내용은 지속Keep 방안에서 제외시키자.

그 후에는 처음에 시행한 것처럼 단계 1에서 단계 5까지 진행한 방법과 같다.

Objective
Key
Results

## KPTA 검토법 단계(두 번째 이후)

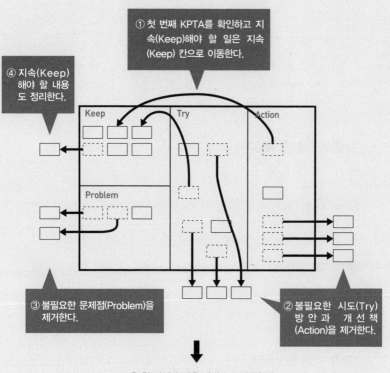

① 첫 번째 KPTA를 확인하고 지속(Keep)해야 할 일은 지속(Keep) 칸으로 이동한다.

④ 지속(Keep)해야 할 내용도 정리한다.

Keep

Try

Action

Problem

③ 불필요한 문제점(Problem)을 제거한다.

② 불필요한 시도(Try)방안과 개선책(Action)을 제거한다.

그 후 첫 번째와 같은 방법으로 진행한다.

# 09

# OKR을 '매일 점검' 하는 방법

## 하루의 작전을 세우자

---

OKR 매일 점검은 하루에 한 번 모여 단시간에 그날의 작전을 세우는 회의다. 매일 실행하므로 단시간에 끝내는 것이 좋다. 최대한 15분을 넘지 않도록 하자. 준비할 것은 팀의 OKR과 태스크 보드다.

### 1단계: 각자 보고한다

태스크 보드를 사용해 각자 아래의 사항을 보고한다.

- 어제 한 일
- 오늘 한 일

- 목표와 핵심 결과지표 달성을 방해하는 장애물

## 2단계: 장애물에 대한 대응을 검토한다

OKR 매일 점검이 15분 이내로 끝나면 장애물에 대한 해결책을 검토한다. 15분이 넘어갈 것 같으면 적당한 구성원으로 해결책을 검토하는 미팅을 설정하고 회의는 종료한다. 그리고 해결책을 검토하는 심화된 미팅을 추가로 한다.

# 10

# 개인 면담을 진행하는 방법

## 구성원과 대화를 나누자

———

개인 면담은 리더와 구성원이 일대일로 진행하며, 구성원의 성장에 관해 이야기를 하는 시간이다. 1on1(원온원. 야후가 도입한, 상사와 부하 간의 개인 면담을 가리키는 용어—옮긴이)과 비슷한데, 구성원 한 사람당 일주일에 15분 정도 대면해서 이야기를 나눈다. 대화 내용에 따라서는 적정 시간을 연장하면 된다.

구성원들이 심리적으로 충분히 안정되어 있는 팀이라면 개인의 성장에 관해서 서로 존중하는 데다 개인의 고충을 팀에서 공유할 가능성이 크기 때문에 개인 면담의 필요성이 낮다. 반면에 심리적 안정감이 부족한 팀이라면 구성원이 혼자

Objective
Key
Results

고민을 끌어안고 있을지도 모른다. 이러한 경우 구성원이 무슨 생각을 하고 있는지 이야기를 들어볼 수 있는 시간을 마련하는 일은 매우 중요하다.

### 1단계: 구성원이 최근 가장 좋았다고 생각하는 일을 듣는다

"최근에 좋았던 일이 뭔가?" 하는 식으로 묻고 이야기를 들어본다. 우선 긍정적인 이야기를 나눔으로써 그 자리의 분위기를 좋게 하는 효과를 기대할 수 있다.

### 2단계: 구성원이 자신의 성장에 관해 걱정하는 일을 듣는다

"일에서 성취감을 느낄 수 있나요?", "걱정되는 일은 없어요?" 하는 질문을 던진다. 딱히 걱정하는 일이 없다면 거기서 끝내도 좋지만 조금 더 이야기를 나누는 것이 좋다.

### 3단계: 구성원과 함께 다음에 실행할 업무 대책을 생각한다

구성원이 업무 과제에 대한 부담을 안고 있다면 그 과제에 관해 들어보자. 구성원이 이야기하기를 힘들어할 수도 있다. 이럴 때는 스스로 얘기할 때까지 기다려준다. 리더는 구성원이 생각하고 있는 것을 예측해서 대변하는 경향이 있는데 꾹 참고 기다려주자.

**4단계: 구성원이 다음에 실행한 업무 대책을 듣는다.**

3단계에서 다양한 과제와 함께 대책에 관한 아이디어도 나올
것이다. 모든 방안을 다 실행할 수도 없으므로 어떤 대책을
실제로 행할지 구성원이 결정하게 한다. 그 대책이 전혀 엉
뚱한 것이 아니라면 "좋아, 열심히 해보자고!" 말하며 개인
면담을 마친다.

  만약 방향성이 완전히 빗나갔다면 왜 잘못되었다고 생
각하는지를 말해주고 스스로 다시 생각해보도록 이끈다.


  지금까지 리더인 당신과 구성원 간의 개인 면담에 관해서
설명했다. 리더도 누군가와 개인 면담 시간을 갖기를 권장한
다. 상사에게 시간을 내달라고 해도 좋고 동료와 이야기를
나눠도 좋다.

Objective
Key
Results

# 11

# OKR 매니지먼트 보드의 활용

지금까지 OKR의 운용 방법을 소개했다. 이들 운용을 쉽게 매니지먼트하려면 전체를 한눈에 훑어볼 수 있는 한 장의 아날로그 보드(OKR 매니지먼트 보드)를 준비하면 매우 효과적이다. 지금까지 소개한 OKR, 업무보드, KPTA보드를 OKR 매니지먼트 보드에 배치해 넣는다. 그리고 팀명이나 팀의 규칙도 배치한다.

팀명을 정하는 것은 팀 의식을 높이는 계기가 되므로 반드시 모두 함께 생각해서 정해보자. 갑자기 팀명을 정하기가 어렵다면 다음 단계를 참고하라.

① 팀으로서 일을 진행하는 데 중요하다고 생각하는 것을

각자가 포스트잇에 세 가지씩 적는다.

㈜ 서로 존중한다. 시간을 잘 지킨다.

② 각자 적은 포스트잇을 읽으면서 공유한다.

③ 비슷한 내용을 모아 그룹으로 나눈다.

④ 그룹으로 나눈 것을 참고해서 각자 팀명을 두 가지씩 제안한다.

⑤ 각자가 적은 포스트잇을 회수해서 뒤섞어 누가 썼는지 모르게 한다.

⑥ 마음에 드는 팀명에 투표해서 결정한다.


팀명이나 규칙은 팀으로서의 근본적인 일이므로 원래는 목표를 결정하기 전에 정해두는 것이 바람직하다.

OKR 매니지먼트 보드는 상당히 크기 때문에 넓은 벽에 직접 만들면 좋다. 마땅히 활용할 수 있는 벽이 없다면 플라스틱 판 등을 활용해서 벽에 붙이는 방법도 검토해볼 수 있다. 물리적인 장소의 제약으로 설치하기는 어렵지만 팀 구성원의 의식을 집중시키는 효과를 기대할 수 있다.

Objective
Key
Results

# OKR 매니지먼트 보드

| 팀명 | **태스크 보드** | | |
|---|---|---|---|
| 팀 규칙 | 할 일(To Do) | 진행 중 (Doing) | 완료(Done) |
| Objective | | | |
| Key Result | | | |

| Key Result 그래프 | **KPTA 보드** | | |
|---|---|---|---|
| | 지속(Keep) | 시도(Try) | 개선책 (Action) |
| 시간표 | 문제점(Problem) | | |

| 월 | 화 | 수 | 목 | 금 |
|---|---|---|---|---|
| | | | | |
| | | | | |
| | | | | |

## OKR 운용을 지원하는 디지털 툴

—

OKR 운용에 필요한 태스크 보드나 KPTA 보드는 화이트보
드나 모조지 같은 아날로그 툴을 사용할지, 컴퓨터나 스마트
폰의 앱과 같은 디지털 툴을 사용할지를 논의해야 하는 경우
가 많은데 우선은 아날로그 툴부터 시작하기를 강력히 권한
다. 자유롭게 사용하기 편하고 다양한 방법으로 연구하기
쉽기 때문이다. OKR 운용에 익숙하지 않은 상태에서 전용
디지털 툴을 사용하면 툴을 사용하는 데만도 시간과 노력을
들여야 해서 정작 본질적인 작업에 시간을 충분히 할애하지
못할 수 있다. 목적에 집중하지 못하고 '수단' 에 휘둘리게 되
는 것이다.

OKR 운용에 익숙해진 후에 자신들의 업무 과제를 더욱
효율적으로 활성화시키고 싶을 때 디지털 툴로 바꾸는 것이
좋다.

OKR 운용에 사용할 수 있는 디지털 툴을 몇 가지 소개하
겠다. OKR 매니지먼트 보드와 똑같이 실행할 수 있는 디지
털 툴은 없지만 여러 개의 툴을 조합해 운용할 수 있다.

Objective
Key
Results

**[질업 Zealup]** https://business.zealup.jp

OKR을 운용하는 툴 가운데 대표 격이다. 기간과 조직의 계층, OKR의 계층을 관리할 수 있다. 체크인 기능으로 데이터를 갱신하면 그래프를 자동으로 그려준다. 핵심 결과지표나 체크인에 대한 '좋아요'와 댓글로 다른 사람의 활동을 응원하는 기능도 탑재되어 있다. 전용 툴만 있어 OKR의 사고방식에 따라 운용하기 쉽다.

**[트렐로 Trello]** https://trello.com

업무 관리 툴이다. 태스크 보드로서 사용할 수 있다. 카드처럼 다룰 수 있기 때문에 KPTA 보드로도 사용할 수 있다. 이 경우는 레이아웃을 어떻게 할 것인지 고민해야 한다.

**[리노 lino]** https://ja.linoit.com

디지털 메모 툴로 포스트잇을 디지털화한 것이다. 포스트잇 대신에 사용할 수 있으므로 여러 명이 아이디어를 내는 브레인스토밍이나 태스크 보드, KPTA보드 등 다양한 상황에서 활용할 수 있다.

**[마이크로소프트 엑셀 Microsoft excel]**

표 계산 툴이다. 활용도가 높기 때문에 손을 대면 댈수록 다양하게 활용할 수 있다. 핵심 결과지표의 수치를 입력해서 그래프로 만들어 표시하거나 KPTA보드로 많이 사용한다.

**[리얼타임 보드 Realtime Board]** https://realtimeboard.com

**[구글 스프레드시트 google spread sheet]**

# 디지털 툴의 사용처

| | 계획 단계의<br>브레인<br>스토밍 | 지표 그래프 | 태스크 보드 | KPTA보드 | 여러 팀<br>관리 |
|---|---|---|---|---|---|
| 질업 | | ◎ | | | ◎ |
| 트렐로 | | | ◎ | ○ | △ |
| 리노 | ◎ | | ○ | ○ | |
| 마이크로<br>소프트<br>엑셀 | ○ | ◎ | △ | △ | |
| 리얼타임<br>보드 | ◎ | | ○ | ○ | |
| 구글<br>스프레드<br>시트 | ○ | ◎ | ○ | ○ | |

Objective
Key
Results

OKR이 주목받는 이유는 공격적인 목표 관리 기법으로
탁월한 성과로 이어지는 경영법이기 때문이다.

Focus집중ー Alignment정렬 ー Tracking추적ーStretching도전

OKR이 잘 시행되고 있는지 점검할 때는
SMART 사고법을 활용한다.

Specific 구체적인가 ー Measurable달성 정도를 측정했나 ー
Ambitious야심적인 목표인가 ー Relevant목표과 연관되었나 ー
Time-bound기한이 있는가

OKR 브리핑 시 KPTA 검토법을 활용하여
목표 달성을 이뤄낼 수 있다

Keep지속ー Problem문제ー Try시도ー Action개선

OKR이 상승효과를 내려면 상위의 핵심 결과지표를
여러 개의 팀에서 달성하는 형태를 취해야 한다.

OKR

조직 내
OKR의 사용

# OKR은 하고 싶은 일을
# 실현해주는 도구이다

# 01

# OKR의 조직 도입 패턴

지금까지 팀에서 OKR을 어떻게 활용하는지를 설명했다. 팀에서 효과적으로 사용할 수 있다면 이번에는 조금 더 넓은 범위에서 사용해보자. 효과가 더욱 커질 것이다. 기업 전체에서 사용할 경우 각각의 팀이 어떠한 목표를 향해서 활동하고 있는지를 파악할 수 있다. 그렇게 하면 다른 팀을 지원할 수 있게 되어 기업으로서 더욱 큰 성과를 얻을 수 있다. 당연히 당신의 팀도 다른 팀의 도움을 받기가 쉬워져 더욱 높은 실적을 올리게 된다.

당신의 팀에서 OKR을 도입한 효과가 두드러지게 나타나 기업 차원에서 OKR을 도입하게 되었다고 하자. OKR을 기업 차원에서 도입하려면, 한 번에 조직 전체에 도입하는 방법보다는 부분적으로, 그리고 단계적으로 도입하는 접근법을 추천한다. 기획, 전개, 정착의 3단계로 생각하면 이미지를 떠올리기 쉽다.

### 1단계: 기획

OKR을 기업 내에서 추진하기 위한 조직을 구성하고 그 조직의 주도 하에서 사례를 만드는 단계다.

### 2단계: 전개

OKR을 활용하는 팀을 늘리는 단계다.

### 3단계: 정착

OKR 조직 규칙의 일부로서 운용하는 시스템이다. 정착되면 추진팀은 더 이상 필요하지 않으므로 이 단계까지 다다르면 추진팀을 해산한다.

# OKR 조직 도입 단계

| 1단계<br>기획 | • OKR 추진팀을 구성한다.<br>• OKR 추진팀의 OKR을 설정한다.<br>• 지침을 정한다.<br>• 전문가 강연회나 같은 뜻을 지닌 사람들의 공부 모임을 개최한다.<br>• 최초 도입 부서를 결정한다.<br>• 연수를 실시한다.<br>• 도입을 지원한다.<br>• 사례 발표회를 개최한다.<br>• 다음 도입 부서를 결정한다. |
|---|---|

▼

| 2단계<br>전개 | • 연수를 실시한다.<br>• 도입을 지원한다.<br>• 사례 발표회를 개최한다.<br>• 다음 도입 부서를 결정한다. |
|---|---|

▼

| 3단계<br>정착 | • OKR을 제도화한다.<br>• OKR 추진팀을 해산한다. |
|---|---|

Objective
Key
Results

# 02

# 1단계: 기획 진행 방법

## OKR 추진팀을 구성한다

우선 OKR 추진팀이 필요하다. OKR 추진팀이 시행해야 할 미션은 당신 회사에 OKR을 도입하는 일이다. 실적이 있는 당신과 또 한 사람, 이렇게 두 명이 최소 구성원이다. 많아도 네 명까지로 제한하자. 구성원이 두 명인 경우는 적어도 한 사람은 추진팀의 전임자가 되어야 한다. 추진팀은 단기간 내에 많은 일을 해야 하므로 다른 업무와 겸임하면 일이 제대로 진행되지 못할 우려가 있다. 또한 구성원이 네 명을 넘지 않는 것이 좋다. 구성원이 다섯 명 이상인 경우는 많은 사람이 겸임을 하게 되므로 구성원 간에 합의를 이끌어내는 일만도 생각 외로 많은 시간이 걸린다.

팀이나 부서의 OKR을 설정하는 등, 회의를 진행할 기회가 있으므로 회의 퍼실리테이터로서의 능력이 있는 사람을 구성원으로 영입하기를 추천한다. 팀을 구성하면 임원회의에서 승인을 얻는 등 검증 과정이 필요하다. 더불어 활동에 필요한 예산 확보도 중요하다. OKR 추진 팀원들의 인건비는 물론이고 외부 연수 참가비나 초빙 전문가에게 지불하는 강연 사례금 등, 교육에 관련한 비용도 필요하다.

자발적 의지를 갖고 있는 사람을 모아 공부 모임을 개최한다면 큰 금액은 아니더라도 다과를 준비하는 데 필요한 비용도 빼놓을 수는 없다. OKR 관리 툴을 이용하는 데 필요한 라이선스나 화이트보드, 포스트잇 등의 문구류도 예산으로 책정해두자.

## OKR 추진팀의 OKR을 설정한다

———

사장이나 임원과 상담하면서 OKR 추진팀의 OKR을 설정하라. 기업 차원에서 OKR을 설정하는 것이 이상적이지만,

Objective
Key
Results

OKR을 활용할 수 있는 토대가 갖추어져 있지 않다면 우선은 OKR을 도입함으로써 기업을 어떻게 변화시키고 싶은지를 확실히 인지하고 어느 정도의 기간 내에 도입할 것인지를 결정한다. 사장이나 임원이 반드시 OKR을 이해하고 있다고 볼 수도 없으므로 OKR에 관해서 설명하고 올바르게 이해시켜야 한다.

## 지침서를 작성한다

자사에 알맞은 지침서를 만들자. 타사에서는 어떻게 하고 있는지를 참고로 하여 자사에서 '왜 OKR을 도입하려고 하는지', 'OKR의 설정 방법', 'OKR의 운용 방법', '설정과 운용에서 일어나는 실패 사례와 대책', '참고 서적과 참고 사이트' 등을 정한다. 구글에서 구글 리워크Google re: Work라는 사이트를 통해 OKR과 툴을 공개하고 있으니 이를 참고해도 좋다.

작성한 지침서는 회사 전체에 공개하기 전에 사내에서 리뷰를 받는다. 나중에 언급할, 강연회나 공부 모임에 참가한 사람을 대상으로 리뷰에 협력해줄 사람을 모집하자.

리뷰어를 구할 때 굳이 리더 급에 한정할 필요는 없다. 매니저급이나 실무 담당자 등 다양한 계층에서 참가하는 것이 더 바람직하다. 여러 명의 수신인에게 일괄적으로 발송하는 메일로는 좀처럼 참가자를 많이 모으기 어려우므로 그런 경우에는 개별적으로 연락을 취해 부탁하는 방법이 효율적이다.

리뷰어에게 지침서를 검토받아 가능하면 현장의 생생한 목소리를 듣는다. 하지만 더욱 많은 의견을 모으려고 하면 지침 내용이 불확실해지기도 한다. 최종 결정은 OKR 추진팀에서 내린다는 규칙을 정해두면 불필요한 혼란을 피할 수 있다.

## 전문가 강연회나 같은 뜻을 지닌 사람들이 모여 공부 모임을 개최한다

—

OKR 전문가를 강사로 초빙해 강연회를 열자. 강연회를 개최하는 목적은 크게 두 가지로 나눌 수 있다. 한 가지는 OKR 추진팀이 활동하고 있다는 사실을 회사 전체에 알리고 인지도를 향상시키기 위해서이고 또 한 가지는 사내에서 OKR에 관심 있는 사람을 찾아내기 위해서다.

강연회 개최에 대한 기획이 완성되면 회사 전체에 공지하여 참가자를 모집한다. 이 참가자 목록이 지침서의 리뷰나 도입 부서를 검토할 때 유용한 자료가 된다.

관심이 있어도 여러 가지 사정으로 참가하지 못하는 사람도 있다. 선택지에는 '참가', '불참(관심은 있다)', '불참(관심 없다)'의 세 가지 답변을 준비해둔다.

강연회를 열기 어렵다면 같은 뜻을 지닌 사람을 모아 공부 모임을 개최하는 방법도 있다. 강사로는 OKR로 성과를 낸 사례를 알고 있는 사람이 적당하다.

## 최초의 도입 부서를 결정한다

최초로 도입할 부서를 결정한다. 추진팀의 구성원 수나 OKR 숙련도를 고려하면 처음에는 5~10팀 정도의 규모로 부서를 선정해야 진행하기에 수월하다.

하지만 OKR의 성격처럼 야심적인 목표로 하고 싶다면 두 배의 팀 수를 설정해도 좋다. 그렇다고는 해도 OKR 추진팀이 두 사람이라면 도입 팀 수는 6팀 정도로 한정해야 동시에 지원하기에 적합하다.

부서장이 OKR을 긍정적으로 생각하고 있는 부서부터 시작하기를 권하지만, 그렇지 않은 경우는 사전에 부서장에게 OKR이 무엇인지, 그리고 OKR을 도입하면 어떤 이점과 단점이 있는지를 설명해두자.

## 연수를 실시한다
—

지침서를 토대로 도입 대상이 된 부서의 리더급을 모아서 연수를 실시하자. 연수를 시작할 때는 사장이 직접 '왜 OKR을 실시하는가'를 설명해야 한다. 이때 사장과 사전 회의를 하면서 어떻게 이야기해야 직원들이 긍정적으로 참가할지를 검토해서 원고를 만들어야 한다. 추진팀에서 원고를 준비해서 읽기만 하게 하면, 사장이 '읽으라고 해서 읽습니다만' 하고 전제를 깐 뒤 읽는 바람에 직원들의 의욕을 뚝 떨어뜨리고 마는 웃지 못할 상황이 벌어진다(들은 이야기지만 실화다).

그리고 OKR의 설정 방법과 운용 방법을 이해시켜야 한다. 이로써 도입 대상 부서의 팀 리더도 OKR을 시작하는 데 필요한 기초 지식을 습득하게 된다.

어떠한 활동이 필요한지를 상대가 이해한 후에 OKR 설정을 논의할 회의 실시일과 각 팀에서 실시할 매주 OKR 브리핑 실행 시기를 결정한다. 더불어 OKR 추진팀이 각 팀에 어떠한 지원을 할 수 있는지도 소개하겠다.

## 도입을 지원한다

부서장과 팀 리더를 모아 부서 차원에서 3개월간의 OKR을 설정한다. 이 회의의 퍼실리테이팅은 OKR 추진팀에서 실시한다. 그 후 각 팀은 부서 차원의 OKR을 토대로 자기 팀의 OKR을 설정한다. 이 회의의 퍼실리테이터를 최종적으로는 팀 리더가 맡도록 하는데, 팀 리더도 익숙하지 않을 테니 처음에는 OKR 추진팀이 퍼실리테이팅하는 것이 좋다. 또한 각 팀의 OKR은 부서 내에서 공유한다.

OKR 브리핑은 팀 리더가 진행하도록 하자. 그리고 일정을 조정해 OKR 추진팀도 OKR 브리핑에 참가하여 느낀 점이 있다면 팀 전체에 피드백한다. OKR 추진팀과 부서장, 각 팀 리더가 모여서 되돌아보면서 더욱 효과적으로 도입 지원을 실시하기 위한 방안을 이야기할 기회를 정기적으로 만들자.

## 사례 발표회를 개최한다

—

부서에서 OKR 도입을 시작하고 나서 3개월 정도 지난 시점에서 '사례 발표회'를 개최한다. 이 사례 발표회를 여는 데는 다음의 세 가지 목적이 있다.

첫째는 OKR을 도입한 팀이 자신들의 변화를 스스로 인식하게 하기 위해서다. 활동 내용을 정리하고 OKR 도입 전과 도입 후의 업무 진행 방법이나 일의 성과에 어떠한 변화가 있었는지를 발표하는 형태로 정리하게 한다.

이때 사례 발표는 좋은 성과를 낸 팀을 대상으로 한다. 도입을 지원하는 동안에는 대개 성과를 잘 내는 팀과 그렇지 않은 팀이 나오기 마련이다. 성과가 오르지 않는 팀에게 발표하게 하는 일은 피하는 것이 좋다. 발표자도 괴로울 뿐만 아니라 'OKR은 어렵다', 'OKR은 성과가 나오지 않는다'는 이미지가 생기면 곤란하다.

## 사례 발표회 일정표

| 시간 | 내용 | 담당 |
|------|------|------|
| 10분 | OKR에 대한 기대 | 사장, 임원 |
| 10분 | OKR의 도입 상황 | OKR 추진팀 |
| 10분 | 사례1 | 팀 리더나 구성원 |
| 10분 | 사례2 | 팀 리더나 구성원 |
| 10분 | 사례3 | 팀 리더나 구성원 |
| 10분 | 휴식 | – |
| 15분 | 토론1 | – |
| 15분 | 토론2 | – |
| 15분 | 토론3 | – |
| 10분 | OKR 성과 총평 | 부서장 |
| 60분 | 간친회(스탠딩) | – |

**(합계: 175분)**

둘째는 지식을 축적하기 위해서다. 발표 자료가 지식이 되는 것은 너무 당연하다.

셋째는 OKR에 관심을 갖고 있는 사람을 찾기 위해서다. 다음 번 도입 부서를 검토할 때 참고자료로 사용한다.

사례 발표회는 앞의 표와 같은 일정표로 진행한다. 회사의 최고 경영자가 참가해서 직접 이야기를 하면 회사가 지원하는 활동이라는 점을 강조할 수 있다. 사례 발표 시간은 한 팀당 10분 이내로 한다. 너무 길면 자료 준비에 시간이 걸리고 듣는 사람도 지칠 수 있다. 토의discussion는 다음의 그림으로 나타낸 것처럼 사례 발표자를 중심으로 그룹을 만든다. 그리고 참가자가 발표자에게 질문을 하면서 듣고 싶은 이야기를 이끌어낸다. 각각의 사례 발표 후에 질의응답 시간을 마련해도 좀처럼 질문이 나오지 않는 경우가 있는데, 이때는 작은 그룹으로 만들면 질문하기 쉬운 분위기가 형성된다. 한 발표자에 대한 질의응답이 끝나면 발표자들은 그대로 있고, 참가자가 다음 발표자의 그룹으로 이동해서 질문하는 식으로 진행한다.

OKR에 관해 그다지 관심이 없는 사람은 토의가 시작되기 전, 휴식 시간에 빠져나가는 일이 많다. 이는 필터의 기능을 한다.

## 토론 진행 방법

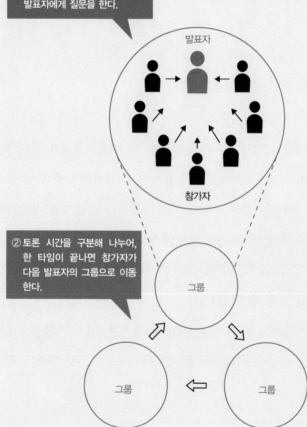

① 참가자들이 발표자를 에워싸고 앉아 소그룹을 이루고 참가자가 발표자에게 질문을 한다.

발표자

참가자

② 토론 시간을 구분해 나누어, 한 타임이 끝나면 참가자가 다음 발표자의 그룹으로 이동한다.

그룹

그룹

그룹

간단한 식사와 음료를 준비하고 그 자리에서 스탠딩 형식의 간친회를 여는 방법도 좋다. 이 시간까지 남아 있는 사람은 OKR에 대해 관심 있는 사람이므로 다음 도입할 부서를 선정할 때 후보로 생각하면 된다.


## 다음 도입 부서를 결정한다

—

부서장이 모인 회의에서 도입을 희망하는 부서가 있는지를 확인한다. 손을 든 부서가 있으면 그 부서를 다음 도입 부서로 정한다. 희망 부서가 없는 경우는 지금까지의 강연회나 공부 모임, 또는 사례 발표회 때 모인 참가자 목록에서 관심을 갖고 있는 사람이 많은 부서나 상급직이 참가한 부서를 찾아 그 부서에 도입하자.

지금까지의 절차를 한 번 실행하면 OKR 추진팀으로서 진행 방법을 이해하게 될 것이다. 그러면 기획 단계는 종료된다.

Objective
Key
Results

## 03

# 2단계: 전개 진행 방법

## 연수를 실시한다

내용과 진행 방법은 '1단계: 기획'과 같다

## 도입을 지원한다

이 단계도 내용은 1단계와 같다. 다만 전개 단계는 동시에 같이 진행하는 팀이 늘어나므로 OKR 추진팀의 구성원을 늘리는 방법 등 적절한 대책이 필요하다.

대기업에서는 부서마다 OKR 추진팀을 구성해 가속도 있게 OKR 도입 팀을 늘리는 방법을 채택하는 경향이 있는데, 이러한 급격한 전개 방식은 피하는 것이 좋다. 만일 굳이 그렇게 하고 싶다면 몇 가지 주의가 필요하다.

급히 추진팀을 구성하려고 서두르면 지식이 별로 없는 사람을 선발해서 OKR 추진팀의 구성원으로 넣는 실수를 할 수 있기 때문이다. 게다가 이보다 더 큰 문제는, 이런 사람들을 다른 사람을 지도할 정도의 수준으로 육성하지도 않고서 OKR을 추진하게 하는 일이다. 그 결과 '엉터리 OKR'을 진행하게 되는 팀이 늘어난다.

한 번 들인 습관을 고치기는 매우 어렵다. 잘못된 방식을 도입하지 않도록 지도자의 입장에 있는 사람들은 OKR에 관해 충분한 지식과 지도 능력을 갖춰야 한다.

가장 심각한 문제는 OKR에 관해 상세한 지식만 없는 게 아니라, 회사에서 성과를 내지 못하는 사람들로 부서 OKR 추진팀이 구성되는 일이다. 이렇게 되면 추진팀 전체의 업무가 난항을 겪게 되기도 하지만 무엇보다 OKR 팀이 해산되었을 때 이 사람들을 받아줄 곳이 없는 상황이 벌어질 수 있다.

## 사례 발표회를 개최한다

---

1단계와 내용은 같아도 상관없다. 하지만 같은 내용으로 반복하면 결국은 참가자가 줄어든다. 조금씩 방법을 바꿔보자. 외부에서 강사를 초빙해 강연회를 열기만 해도 변화를 느낄 수 있다.

## 다음 도입 부서를 결정한다

---

새로운 도입 부서를 정한다. 초기 단계에서는 '하고 싶다'고 적극적으로 나선 부서부터 실행하므로 진행하기 쉽다. 하지만 중반으로 들어서면 '하고 싶지 않다'는 소극적인 부서를 대상으로 해야 하기 때문에 여러모로 에너지가 필요하다. 이때가 조금 더 참고 버텨야 할 때다. 도입하지 않은 부서가 얼마 남지 않으면 도입에 난색을 표하던 부서도 자신들만 뒤처져서는 안 될 것 같은 조바심에 긍정적으로 검토하게 된다.

이러한 상태가 되면 전개 단계는 끝이다.

## 전개 단계의 OKR 추진팀의 형태

### 성공하기 쉬운 형태
**부서가 늘어나도 OKR 추진팀은 하나**

---

### 실패하기 쉬운 형태
**부서마다 OKR 추진팀과 OKR 추진 총괄팀을 둔다**

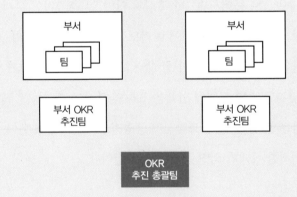

# 04

# 3단계: 정착 진행 방법

## OKR을 제도화한다

제도화한다는 것은, 출장을 다녀오면 경비를 정산하는 것과 마찬가지로 당연한 규칙으로서 OKR이 존재하고 있는 상태로 만든다는 의미다.

일 년에 한 번, 기업 수준의 OKR을 설정한다. 각 부서는 기업 수준의 OKR에 따라 3개월마다 부서 OKR을 재검토한다. 그러한 일정을 기업의 연간 일정표에 반영해 넣는다. OKR에 관한 올바른 이해와 OKR의 설정이나 운용에 관한 퍼실리테이션 방법을 배우기 위한 연수를 사내의 인재육성 제도에 포함시킨다.

이러한 연수는 입사 3년 차 사원이나 중도 입사자가 수강하는 것이 적합하다. 연수 강사를 사내에서 육성해두는 것도 잊지 말아야 한다. 자사에 관한 사정을 잘 아는 사람이 강사를 맡아야 자사 상황에 맞춰 적절한 사례를 사용하는 등 내용 면에서 더 깊고 풍부한 연수를 실시할 수 있다.

연수를 사외의 연수 전문 회사에 위탁하는 방법도 있다. 사내의 강사가 진행하면 수강자들이 이야기를 잘 듣지 않는 경향이 있다. 이러한 상황이 뚜렷하게 나타난다면 특히나 사외 강사 섭외를 검토해봐야 한다.

## OKR 추진팀을 해산한다

—

제도가 갖춰지면 OKR 추진팀은 더 이상 필요가 없다. OKR 추진팀을 해산하고 구성원을 각자 이동시킨다. 기업 차원에서 OKR을 설정하는 일의 퍼실리테이터나 각 팀의 OKR 설정을 지원하는 코치는 기획부로 이동시키는 것이 적절하다. 몇몇은 OKR에 관한 연수를 지속적으로 하기 위해서 인재개발부로 이동하게 된다. 하지만 수강대상자가 적어 일 년에 몇 번, 강사를 담당할 뿐이라면 인재개발부가 아니더라도 다른 업무를 병행하는 것이 좋다.

지금까지의 활동을 수행했다는 이력은 다른 일에서도 충분히 성과를 낼 수 있는 인재로 성장했다는 증거가 된다.

## 05

# 계층형 조직의 OKR

각각의 팀이 OKR을 사용해 운용할 수 있게 되면 다음은 팀끼리 연계해서 상승효과를 내도록 한다. 제조사를 사례로 들어 생각해보자.

'영업팀' 담당이 고객에게 주문을 받으면 발주서에 근거해서 '제조팀'이 제품을 만든다. 하지만 제조하는 데는 자사에서는 만들 수 없는 부품이 필요하고 그 부품은 '조달팀'이 사외의 공급처에 발주해 납품을 기다린다. 완성된 제품을 '배송팀'이 고객에게 운반한다.

각각의 팀이 자기 팀의 미션에 의거해 야심적인 OKR을 설정했다고 하자. 이를테면 다음과 같은 목표다.

Objective
Key
Results

## 각 팀마다 OKR을 따로 실시할 경우

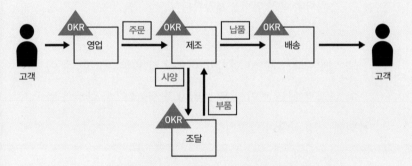

각각의 팀이 독자적으로 OKR을 설정한 경우
노력의 방향성이 제각각이 되어 인력과 자원이 낭비될 가능성이 높다.

- 영업 : 주문에 따른 이익을 늘리기 위해 이익률이 높은 고가품 제품으로 범위를 좁혀 제안한다.
- 제조 : 비용 절감을 위해 어느 정도의 주문이 쌓인 후에 기계를 가동시켜 제조한다.
- 조달 : 부품의 원가를 절감하기 위해 대량으로 구입하고 공급처에서 할인을 받는다.
- 배송 : 완성된 제품을 신속하게 고객에게 배송하기 위해 운반 차량과 운전 인력을 보강한다.

팀 별로 각각 애쓰고 있지만 호흡이 잘 맞는다고 할 수 없으며 과정 전체로 보면 많은 낭비가 발생한다. 이 낭비가 반복되면 경영 상황이 악화된다.

어떠한 방향으로 노력해야 하는가, 그 방침이 필요하다. 이 경우 네 팀이 소속되어 있는 조직으로서 상위의 OKR을 설정하고 그 OKR을 달성할 수 있도록 각 팀이 OKR을 정한다. 다음의 도표와 같이 상위의 핵심 결과지표가 속한 팀의 목표와 대응하도록 설정해야 가장 간결하고 알기 쉽다.

하지만 이러한 OKR의 계층구조에서 팀 간의 관계는 소홀

## 상위의 OKR이 있고 팀마다 핵심 결과지표를 설정할 경우

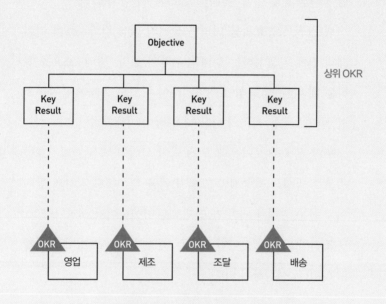

불필요한 낭비를 줄일 수는 있겠지만
각 팀마다 OKR의 독자성이 높아서 팀 간의 상승효과를 기대할 수 없다.

하게 되기 때문에 팀 간의 상승효과를 노린다면 그다지 바람직하다고는 볼 수 없다. 조직에서 OKR을 운용할 때 모든 팀의 OKR을 공개하면 좋다고 하지만, 공개한 시점에서 다른 팀이 관심을 갖지 않는다면 그 효과는 반감되고 만다.

팀 간의 상승효과를 내려면 상위의 핵심 결과지표를 여러 개의 팀에서 달성하는 형태를 취해야 한다. 팀의 OKR을 정하는 데 다른 팀을 섞어 이야기해야 하므로 충돌이 증가하지만, 한편으로는 서로의 팀을 더욱 깊이 이해할 수 있다.

또한 운용하는 가운데 모든 팀이 상위의 핵심 결과지표를 충분히 달성하면 좋지만 그렇지 않을 경우에도 각각의 팀이 서로 돕는 관계가 되어 가고 새로운 아이디어가 생겨난다.

조직의 계층이 늘어난 경우는 계층마다 같은 방향성을 갖고 OKR을 설정하기 바란다.

## 상위의 OKR이 있고 여러 팀에서 핵심 결과지표 달성을 목표로 할 경우

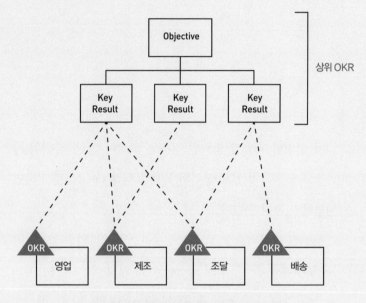

상위의 핵심 결과지표를 여러 팀에서 달성하는 구조이므로
반드시 팀 간의 교류와 협력이 필요하다.

# 06

# 매트릭스형 조직의 OKR

앞서 설명한 계층형 조직인 경우는 조직이 상위, 하위의 개념으로 구성되어 있고 상위의 목표를 향해 OKR을 결정하면 되므로 이해하기 쉽다.

하지만 매트릭스형 조직의 경우는, 그 조직의 구조상 '직능 축과 제품 축'과 같이 조직을 여러 개의 축으로 분류하므로 상위의 목표도 여러 개 존재한다. OKR의 '정렬' 원칙에 중점을 두면 '집중'의 원칙에서 벗어나고 만다. 이러한 상황에서 '집중'하려면 최고 경영자가 '직능 축을 우선한다' 또는 '제품 축을 우선한다'는 식으로 명확한 방침을 밝히는 것이 하나의 해결책이 될 수 있다.

이를테면 각각의 제품에 관여하는 인원수가 10명 정도로,

## 매트릭스형 조직의 예

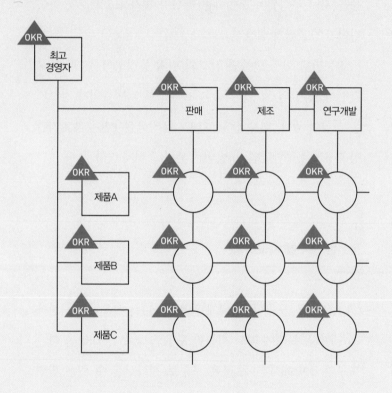

한 팀으로서 움직일 수 있는 인원수라면 제품의 OKR에 집중하는 편이 행동하기에 편하다. 인원수가 많은 경우에 팀을 나눌 때도 제품에 초점을 맞출 것을 추천한다. 여러 가지 직능을 지닌 구성원이 모여야 다양성이 증가하고 새로운 아이디어가 창출되기 쉽다.

직능별로 팀을 만들면 각각의 팀의 동질성이 증가하므로 자연히 팀 간의 섹셔널리즘sectionalism, 즉 파벌주의가 강해지는 경향이 있다. 현재 상황 그대로 유지하겠다면 문제없지만 창조성을 추구한다면 이 방법은 권하고 싶지 않다.

## 적절한 도구를 사용하자

OKR은 단지 도구다. 어떻게 활용하느냐는 사용하는 사람에게 달렸다. 목적에 따라 적합한 도구도 다르다. OKR을 다른 도구와 조합해서 더욱 좋은 도구로 진화시킬 수 있는 반면에, OKR이 적합하지 않은 문제에도 무조건 OKR을 사용해 더욱 해결하기 어려운 상황에 처하는 경우도 있다.

널빤지에 못이 반쯤 박혀 있어 걸리적거리는 상황을 상상

Objective
Key
Results

# 매트릭스형 조직에서의 팀 구성

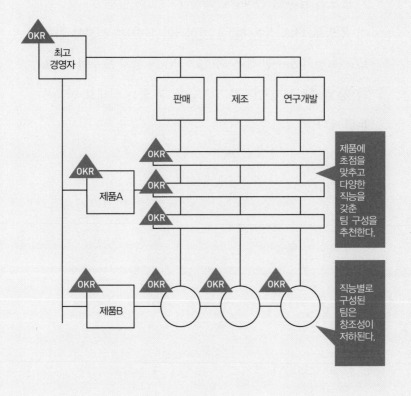

해보자. 망치밖에 없다면 박아 넣을 수밖에 없는데 이때 못이 널빤지 뒤쪽으로 뚫고 나가 문제가 더 커질지도 모른다. 하지만 펜치가 있으면 빼낼 수 있으며 못을 빼는 전용 도구가 있으면 힘을 덜 들이고도 해결할 수 있다.

'정말로 하고 싶은 일'을 실현하기 위한 도구 상자 안에 목표 설정의 도구인 좁은 의미의 OKR과 검토 도구인 KPTA를 항상 준비해서 언제라도 사용할 수 있는 상태로 만들어 두면 좋다.

Objective
Key
Results

OKR이 주목받는 이유는 공격적인 목표 관리 기법으로
탁월한 성과로 이어지는 경영법이기 때문이다.

Focus집중 ― Alignment정렬 ― Tracking추적 ― Stretching도전

OKR이 잘 시행되고 있는지 점검할 때는
SMART 사고법을 활용한다.

Specific 구체적인가 ― Measurable달성 정도를 측정했나 ―
Ambitious야심적인 목표인가 ― Relevant목표와 연관되었나 ―
Time-bound기한이 있는가

OKR 브리핑 시 KPTA 검토법을 활용하여
목표 달성을 이뤄낼 수 있다

Keep지속 ― Problem문제 ― Try시도 ― Action 개선

OKR이 상승효과를 내려면 상위의 핵심 결과지표를
여러 개의 팀에서 달성하는 형태를 취해야 한다.

## 읽기만 해서는 아무 소용없다. 시작해야 알게 된다

OKR에는 틀림없이 조직을 크게 변화시키는 효과가 있다. 이는 전 세계에서 활약하는 기업이 그 위치까지 성장한 사실이나 현재도 최고 자리를 유지하고 있다는 사실이 이를 증명한다. OKR을 처음 알게 되었을 때 이 특효약을 팀과 조직에 도입만 하면 모두 원하는 성과를 이룰 것이라고 생각하고는 한껏 기대에 부풀었다. 하지만 실제로 도입해보니 생각처럼 잘 되지 않았다. OKR 관련 서적에 쓰인 대로 실행해봤지만 원하는 성과가 나오지 않았다. 조금 시간이 걸리는 걸까? 하고 생각해 기다려봐도 아무런 변화가 없다. OKR을 만능 툴이라고 믿고 있었는데, 팀에 도입한 후 마치 녹슨 낫과 같이 아무 도움이 되지 않는 무용지물인 시기가 있었다.

　실패의 경험은 분명 '할 수 있다'와 '해냈다'는 다르다는 현실을 보여준다. 세상에는 OKR을 활용해 성공하는 사람이 있는가 하면 팀의 목표를 잃고 통제하지 못해 결국 목표를 달성하지 못하는 사람도 있다. 이 차이는 어디에서 기인할

까? 단지 책을 읽기만 한다면 '할 수 있다'고 과신하게 되고 이미 터득했다고 잘못 인식하고 만다. 개선해야 할 부분은 못 본 척하고, 창의적으로 연구하지 않으며 자신의 것으로 바꾸려고 노력하지 않는다.

이 책은 OKR과 KPTA 검토법을 활용하여 조직의 목표를 달성하는 과정을 소개한다. 다만 내가 경험했듯이 모든 조직이 반드시 이 책에 나온 방법으로 잘되리라고는 볼 수 없다. 오히려 연구하고 되돌아보며 개선하는 일이 반드시 필요하다. '할 수 있다'와 '해냈다'는 다르다는 사실을 염두에 두고 조직으로서 개선 활동을 계속하면 좋은 규율이 생겨나고 원하는 성과가 나올 것이다. '안다'는 것과 '이해한다'는 것은 엄연히 다르다. 알고 있어도 실행이 따르지 않으면 이해하는 것이 아니다. 약의 사용설명서를 읽는다고 병이 낫지 않는 것과 같다. 여러분도 읽는 데서 그치지 말고 반드시 실행해서 OKR을 이해하고 실천해서 성공하길 바란다.

OKR Japan 대표
기타노 고지

# OKR 실천편

제1판 1쇄 발행 | 2019년 11월 22일
제1판 7쇄 발행 | 2024년  2월  2일

지은이 | 아마노 마사루
감수 | OKR Japan
옮긴이 | 김윤경
펴낸이 | 김수언
펴낸곳 | 한국경제신문 한경BP
책임편집 | 마현숙
저작권 | 백상아
홍보 | 서은실 · 이여진 · 박도현
마케팅 | 김규형 · 정우연
디자인 | 권석중
본문디자인 | 디자인 현

주소 | 서울특별시 중구 청파로 463
기획출판팀 | 02-3604-590, 584
영업마케팅팀 | 02-3604-595, 583   FAX | 02-3604-599
H | http://bp.hankyung.com   E | bp@hankyung.com
F | www.facebook.com/hankyungbp
등록 | 제 2-315(1967. 5. 15)

ISBN 978-89-475-4529-7   03320

책값은 뒤표지에 있습니다.
잘못 만들어진 책은 구입처에서 바꿔드립니다.